Sin aliento

GIORGIO NARDONE

Sin aliento

El pánico por la falta de aire y su curación

Traducción: Ramón Alfonso Díez Aragón

Herder

Título original: Senza fiato
Traducción: Ramón Alfonso Díez Aragón
Diseño de la cubierta: Melina Belén Agostini

© 2023, *Adriano Salani Editore s.u.r.l. - Milán*
© 2026, *Herder Editorial, S.L., Barcelona*

ISBN: 978-84-254-5261-1

Imprenta: Liberdúplex
Depósito legal: B-2870-2026
Printed in Spain — Impreso en España

Herder
herdereditorial.com

Índice

Prólogo.
La más natural, pero también la más aterradora de todas las muertes

«¡El miedo! Esa herencia de la vida salvaje
de la que ningún animal puede escapar».
JACK LONDON, *Colmillo Blanco*

Ciertamente, no nos sorprende descubrir que, entre las diversas formas de ataques de pánico relacionados con el miedo a morir, la más recurrente es la que se expresa en la sensación de quedarse sin aliento hasta la asfixia casi total. En efecto, la falta de aire representa para el organismo la alarma más evidente de muerte o desmayo y, por lo tanto, de una aterradora pérdida de conciencia inminente.

En relación con la falta de aire, los anatomopatólogos destacan que el cadáver de quien muere por asfixia, estrangulado o ahogado, manifiesta en el *rigor mortis* la expresión del terrible pánico que precede a la pérdida de conciencia. No por casualidad, entre las peores torturas ideadas por la humanidad para extraer información y secretos se encuentra la de verter agua sobre la cara y dentro de la nariz del torturado, mientras este es inmovilizado con la cabeza hacia atrás.

Basta evocar la sensación de que nos oprimen con fuerza la garganta para experimentar una reacción emocional de miedo y la necesidad vital e imperiosa de salir cuanto antes de tal situación. Al fin y al cabo, nuestra respiración es el primer aliento de vida y el último y, por lo tanto, es normal que su falta represente un acontecimiento tan aterrador que desencadene el pánico en su forma más extrema. Además, la asfixia, a diferencia de un evento fulminante como un infarto, se manifiesta con inspiraciones cada vez más aceleradas, por lo que el sujeto permanece consciente de lo que está sucediendo hasta el último momento y, en consecuencia, el miedo crece hasta convertirse en un pánico irrefrenable.

A pesar de que el miedo a no poder respirar probablemente sea la fuente más impetuosa de la reacción de pánico, es necesario, sin embargo, señalar que esa reacción es en sí misma causa de la falta de aire. Es decir, es el ataque de pánico, a menudo debido a otras causas, el que desencadena una reacción de respiración agitada y «hambre de aire» o disnea. De hecho, durante una crisis de pánico la reacción fisiológica de la ansiedad aumenta vertiginosamente, superando el umbral de su funcionalidad como activador del organismo, hasta convertirse en una respuesta disfuncional que altera nuestros parámetros fisiológicos y provoca espantosas sensaciones de pérdida de control de las funciones vitales e, *in primis,* de la respiración.

En las fuentes bibliográficas médicas tanto sobre la disnea como sobre la hiperventilación se hace referencia a la ansiedad exageradamente elevada y al pánico como factores psicógenos que influyen fuertemente en su expresión en el nivel clínico. En las clasificaciones diagnósticas existe, de hecho, la definición de «disnea ansiosa», y en cuanto a la hiperventilación caracterizada por la sensación de falta de aire se hace referencia a la ansiedad generalizada en los casos crónicos, así como a los ataques de pánico en los casos agudos.

Los datos clínicos prueban, por lo tanto, la interdependencia entre la fisiología respiratoria y las reacciones psicológicas relacionadas con la percepción del miedo y sus mecanismos de activación de respuestas defensivas. Pero, a diferencia de la respuesta emocional y funcional hacia una amenaza real, la ansiedad inmotivada genera respuestas disfuncionales, ya que es precisamente el intento de inspirar la mayor cantidad de aire posible de un modo defensivo lo que, paradójicamente, produce el fenómeno de la disnea. De hecho, si se inspira más de lo debido y a ritmos acelerados, se altera el funcionamiento de la dinámica respiratoria llenando los pulmones con un exceso de aire entrante que no permite la salida del ya almacenado. La alteración produce un bloqueo y un contraste entre el aire que debe ser exhalado de modo natural y el que se inspira de manera forzada: una especie de «cortocircuito respiratorio». De ahí la sensación de ahogo, los mareos y los dolores posturales, síntomas que aumentan ese miedo que obliga al sujeto, ya en pánico, a inspirar cada vez más hasta llegar, a menudo, al desmayo. Y es la pérdida del sentido, de nuevo paradójicamente, lo que permite al organismo, que ya no está bajo el control de una conciencia aterrorizada, restablecer su propia dinámica respiratoria.

En el momento en que el sujeto se recupera, se siente roto a nivel físico y, lo que es peor, asustado a nivel psicológico, esto es, sumido en el abismo del síndrome de disnea psicógena y del pánico que esta desencadena, porque, como ya afirmó Ovidio, «quien ha naufragado teme también las aguas tranquilas».

1. La mecánica del pánico por asfixia autoinducida

«El miedo a un mal nos lleva a un mal peor».

EPICURO

Tal y como se describe en el prólogo, resulta claro que los dos mecanismos, el de la respiración y el del miedo, se influyen mutuamente en una dinámica de causalidad circular que estructura una *escalation* psicofisiológica destinada a desembocar en el pánico y en una disnea concreta.

Esto significa que, a diferencia de otras formas de fobia —por ejemplo, el miedo a perder el control y cometer actos impulsivos como saltar por una ventana o matar a un hijo—, que explotan en el ataque de pánico sin ningún correlato orgánico real, en este caso ocurre una especie de complicidad en el crimen entre la fisiología orgánica y la alarma psicológica. Es decir, tanto el miedo imaginario como la dificultad respiratoria concreta pueden desencadenar la *escalation* de esas reacciones psicofisiológicas que alteran el funcionamiento espontáneo de la respiración, causando la sensación de falta de aire que induce a aumentar las inspiraciones hasta el cortocircuito de la disnea por hiperventilación.

La mecánica disfuncional y subrepticia que se crea, sin embargo, no es la consecuencia directa del tropiezo respiratorio ni del miedo, sino de la reacción a ambas sensaciones indeseadas. En resumen, es precisamente el intento de remediar el problema respirando más intensamente y a un ritmo más acelerado lo que produce el efecto paradójico de la disnea y de la sensación de asfixia. En términos estratégicos, es la solución intentada al problema surgido la que provoca su empeoramiento, hasta las consecuencias extremas.

Aldous Huxley afirma: «La realidad no es lo que nos sucede, sino lo que hacemos con lo que nos sucede». Y es precisamente el miedo desencadenado por la sensación de falta de aire lo que hace reaccionar «de manera razonable» inspirando más, al igual que es una sensación de malestar respiratorio la que puede desencadenar el miedo al ahogo, induciendo a respirar profundamente con el fin «en apariencia lógico» de tomar más aire y resolver así el problema.

Esta solución, que de hecho produce el efecto paradójico de complicar el problema en lugar de resolverlo, puede parecerles a los defensores del sentido común y del razonamiento racional algo «estúpido», ya que está claro que si introduzco aire en los pulmones de manera exagerada, sin permitir que salga el aire que ya está dentro, produzco una disnea que, a su vez, crea la sensación de ahogo y una asfixia real. Pero los defensores del sentido común olvidan que, frente a un miedo profundamente ancestral, la reacción del organismo no pasa por el razonamiento, sino que se activa de manera inmediata como respuesta de emergencia mucho antes de que la mente consciente pueda darse cuenta.

Cuando la conciencia se enciende, la mecánica paradójica ya está activada y se encuentra lidiando con el pánico y la asfixia por disnea ya en curso. Por lo tanto, la conciencia no tiene el poder de prevenir ni de desactivar la dinámica disfuncional activada mucho antes de que las luces de la mente cognitiva se den cuenta de ello.

Las neurociencias modernas han reconstruido exactamente lo que sucede cuando el individuo es asaltado por el pánico: en 2003, un grupo de investigadores del National Institute of Health de Estados Unidos mostró, gracias a las mediciones mediante tomografía computarizada, lo que sucede cuando el miedo se transforma en pánico (Nardone, 2003). El fenómeno contradictorio que se crea es el de una respuesta inmediata, en milésimas de segundo, a la alarma que se activa por un estímulo amenazante por parte de las zonas más antiguas de nuestro cerebro encargadas de combatir el peligro.

Mientras tanto, una activación paralela pero mucho más lenta estimula las zonas más recientes del cerebro, poniendo en marcha esos procesos cognitivos que perciben el fenómeno cuando este ya ha sido desencadenado por las defensas activadas, sin saberlo, por los centros del paleoencéfalo. Por lo tanto, la conciencia se encuentra no tanto con el estímulo amenazador inicial, sino con la lucha en curso entre el instinto de supervivencia y la agresión sufrida, percibida por los mecanismos más primitivos del miedo.

Hoy sabemos que la mente cognitiva tiene muy poco poder para controlar lo que está sucediendo dentro de ella. Como ha demostrado el neurocientífico estadounidense J. LeDoux (2002), la corteza cerebral tiene poco poder sobre el paleoencéfalo, es decir, la mente más antigua, mientras que esta última tiene mucha influencia sobre la corteza. En otras palabras, son las percepciones/emociones las que determinan nuestras reacciones inmediatas, sobre las cuales la conciencia no tiene ningún control, también porque las descubre solo cuando ya están en curso (Nardone, 2003). Está claro que esto hace colapsar sobre sí mismas las teorías cognitivas que querrían entender la conciencia y la intencionalidad como los fundamentos de nuestro actuar.

Ahora bien, por lo que a nosotros respecta, todo esto explica por qué el ser humano, frente a una alarma dirigida a la funcionalidad de su respiración natural, activa una respuesta que parece una reacción espontánea de supervivencia, como tomar aire si siente que le falta, pero que, llevada al extremo, termina creando el efecto paradójico de la asfixia autoinducida y del pánico.

Conocer la dinámica patógena que conduce al ataque de pánico, relacionado con el miedo a no respirar y morir de asfixia, nos hace comprender una serie de factores importantes útiles tanto para una terapia eficaz y eficiente, como para comprender el origen de patologías respiratorias como la hiperventilación crónica y otras problemáticas generalmente relacionadas con esta disfunción que afecta a todo el organismo.

A estos problemas les dedicaremos el próximo capítulo, mientras que en este consideramos más relevante arrojar luz sobre lo que puede funcionar o no en la terapia basándonos en las dinámicas del fenómeno evidenciadas. Más adelante, en el tercer capítulo, se expondrán las técnicas terapéuticas desarrolladas y experimentadas con éxito para esta forma de psicopatología invalidante.

1.1. Errores comunes en el diagnóstico y en el tratamiento

La primera deducción obtenida de la observación de nuestro problema se refiere al hecho de que su solución debe, obligatoriamente, prever la recuperación de una respiración espontánea y sana, sin más disnea ni hiperventilación y, por lo tanto, sin sensación de asfixia. Puede parecer obvio y banal, pero cuando se tratan fenómenos psicógenos, a menudo nos concentramos demasiado en la psique «olvidando» o «subestimando» la fisiología sana del organismo.

Aun cuando hoy en día la comunidad médica y psicológica está plenamente de acuerdo en el hecho de que no existe nada fisiológico que no sea también psicológico y viceversa, el ámbito de las intervenciones psicoterapéuticas tradicionales tiende a no estar tan atento a lo orgánico, privilegiando lo psíquico. Sin embargo, también ocurre lo contrario: cuando el pánico por asfixia autoinducida se atribuye exclusivamente a algo fisiológico y orgánico, y se orienta la terapia exclusivamente hacia varios tratamientos de las vías respiratorias o hacia terapias farmacológicas centradas en la disfunción orgánica y no en la complicada dinámica sistémica evidenciada.

Como ya se ha aclarado, el mecanismo instintivo de la percepción/emoción/miedo puede tanto originar la falta de aire que provoca la disnea, como ser un producto que de manera retroactiva incrementa su intensidad de manera desproporcionada. De forma diferente, una terapia psiquiátrica a base de ansiolíticos y antidepresivos, aunque puede reducir la activación de la ansiedad, no es eficaz para eliminar la reacción de terror por falta de aire. Pero, sobre todo, no es capaz de incidir mínimamente en la «mecánica de la inspiración», formada como respuesta disfuncional de supervivencia del organismo frente a la percepción de una amenaza de asfixia.

Como veremos en detalle más adelante, este paso requiere una verdadera reeducación de la respiración a través de ejercicios particulares combinados con una buena dosis de sugestión que permita su observancia.

Entre los errores terapéuticos más comunes, incluso después de un diagnóstico correcto, se encuentra el enfoque terapéutico explicativo seguido de indicaciones directas relacionadas con el tratamiento. Es decir, una terapia psicológica basada en los aspectos cognitivos, que prevea explicar al paciente las características del problema invitándolo a cambiar voluntariamente sus reacciones psicofisiológicas disfuncionales. Lo que equivale a pretender, contrariamente a lo demostrado, que el sujeto pueda controlar de manera consciente sus reacciones más paleoencefálicas.

No es casualidad que el mito psicológico de la conciencia y de los procesos cognitivos, como Olimpo supremo del control de nuestras acciones y de nuestros pensamientos, sobreviva a las innumerables pruebas científicas del hecho de que más del 80 % de nuestras actividades vitales y psicológicas ocurre por debajo del nivel de la conciencia (LeDoux, 2002; Koch, 2012). Ni siquiera las pruebas empíricas derivadas de la práctica clínica y que muestran la ineficacia de los esfuerzos de voluntad consciente frente a todas las psicopatologías con una sintomatología compulsiva —es decir, las psicopatologías en las que el sujeto tiene reacciones no mediadas por el control consciente, como en el caso ejemplar del pánico y de las obsesiones compulsivas— logran socavar esta convicción teórica que está en la base de la mayoría de las formas de psicoterapia (Nardone y Salvini, 2013).

La idea, puramente filosófica, de que conocer algo significa también tener dominio sobre ello está tan arraigada en la cultura occidental que representa una especie de indiscutible postulado matemático; los efectos perjudiciales de esta convicción, constantemente desmentida por los hechos (Nardone, 2017), se pueden encontrar en cualquier ámbito de la acción humana, pero se vuelven particularmente peligrosos cuando están dentro de disciplinas, como la psicología y la medicina, que se aplican a la solución de problemas y a garantizar la salud de los seres humanos.

La ilusión de un control consciente sobre todas las funciones de nuestro organismo ha fascinado siempre al ser humano, llevándolo a elaborar estrategias y técnicas de control mental sobre sus reacciones. Si esta elaboración ha dado frutos importantes en el rendimiento de los *performers* en ámbitos como el deporte, el arte, la gestión, las ciencias, etcétera, cuando se aplica a la patología, en particular la psicológica, los resultados van en la dirección opuesta.

Y también en el ámbito de la ciencia de la *performance,* lo que eleva el rendimiento es lo que se ha definido como «inconsciencia educada» (Nardone y Bartoli, 2019), es decir, aprender a potenciar las propias capacidades de actuar en estado de «trance performativo»: un estado mental en el que el sujeto, mediante un entrenamiento prolongado, logra liberar todos sus recursos gracias al bloqueo de los procesos de control consciente (Nardone y Bartoli, 2019).

Pero volvamos al fenómeno de la sensación de asfixia autoinducida por la sensación de falta de aire y su desencadenamiento de una inspiración forzada y acelerada que provoca la disnea. Ser lúcidamente consciente de lo que sucede no basta para bloquear la *escalation* disfuncional, en primer lugar porque ser conscientes de ello, como se ha señalado, llega tarde a las reacciones ya activadas por la respuesta paleoencefálica; en segundo lugar, porque la mente reciente no es capaz de desactivar lo que la mente antigua ha activado, como demuestran claramente los estudios de los neurocientíficos. Finalmente, como es bien conocido por el funcionamiento de los ataques de pánico y de su terapia validada (Nardone, 2016), el intento de control consciente de una crisis de pánico en lugar de reducirla termina por exacerbarla (Nardone, 1993, 2003).

Tanto el diagnóstico como el tratamiento de un trastorno de pánico por disnea autoinducida o, como se define en el ámbito estrictamente médico, disnea ansiosa o psicógena, deben tener en cuenta la dinámica de influencia recíproca circular entre el fenómeno fisiológico y el psicológico, de modo que el objetivo sea la extinción de ambos. De hecho, ocuparse de uno solo de los dos aspectos de esta patología subrepticia conduce a resultados parciales, que luego terminan por hacer que el sujeto recaiga en la dinámica del trastorno incapacitante. En resumen, para ser eficaz, la intervención terapéutica debe actuar simultáneamente tanto sobre la trampa mental (Nardone, 2013) como sobre los mecanismos fisiológicos de la respiración, es decir, debe ser al mismo tiempo una terapia psicológica y una rehabilitación respiratoria.

2. La terapia del pánico por disnea autoinducida

«Las adversidades no las afrontamos
porque son difíciles,
sino que son difíciles porque
no las afrontamos».
SÉNECA

2.1. La redefinición diagnóstica

El primer paso de una terapia para la sensación de falta de aire y el consiguiente mecanismo que lleva a la «construcción» del pánico por asfixia autoinducida es, sin duda, definir con claridad y concreción las características en la primera entrevista con el paciente. Por lo general, estos sujetos llegan a terapia con un nivel de ansiedad por encima del umbral de funcionalidad y con un miedo constante al evento asfixiante, completamente inconscientes de que son ellos mismos los artífices de aquello de lo que se sienten víctimas. Por lo tanto, llevarlos a descubrir la trampa subrepticia en la que han caído no es solo una fase diagnóstica, sino que constituye el inicio de la terapia efectiva.

Durante el proceso de diagnóstico, el psicoterapeuta experto conduce al paciente a darse cuenta de cómo funciona su aterrador trastorno gracias a preguntas discriminantes[1] intercaladas con paráfrasis resumidas[2] de los mecanismos, revelados al paciente con el fin de reforzar el «efecto descubrimiento».

Por ejemplo: «La aterradora sensación de falta de aire ¿la siente constantemente o solo cuando controla su respiración?». Y también: «Cuando siente que le falta aire, ¿intenta producir más inspirando o intenta relajarse?». O bien: «Cuando respira más profunda y rápidamente, ¿siente que elimina la falta de aire o esta aumenta?». Por lo general, las respuestas del paciente afectado por este trastorno revelan que la falta de aire aumenta sobremanera cuando escucha y controla su respiración, y que esto lo induce a tratar de respirar más, pero cuanto más inspira, más le falta el aire.

---

1 Preguntas estratégicas previstas dentro de la estructura del *diálogo estratégico* (Nardone y Salvini, 2004) con el fin de guiar al paciente hacia una rápida comprensión de las características de la situación problemática a resolver.

2 En el proceso en espiral del diálogo estratégico, después de cada dos o tres preguntas sigue una paráfrasis que pide confirmación al interlocutor sobre si ha comprendido bien lo que el psicoterapeuta ha dicho hasta ese momento («Corríjame si me equivoco. Por lo que ha dicho, me parece haber comprendido que...»). Las paráfrasis cumplen un triple propósito: contribuyen a la construcción de la relación con el paciente colocando al terapeuta en una posición estratégica de *aparente inferioridad,* permiten estructurar acuerdos progresivos activando en el paciente el proceso de autopersuasión y constituyen una herramienta de verificación y de autocorrección para el terapeuta.

«Entonces, si no he entendido mal, usted siente su malestar respiratorio cuando, consciente o inconscientemente, tiende a controlar su funcionamiento para asegurarse de que todo esté bien», continúa el psicoterapeuta. «Al sentir la falta de aire, intenta inspirar más rápida y profundamente con el objetivo de compensar esta. Pero esto no sucede; de hecho, su respiración se vuelve más agitada hasta que siente que se ahoga».

Como el lector puede comprender, de esta manera se lleva al paciente a descubrir y entender el efecto paradójico de su reacción a la sensación inicial de malestar: una reacción que no hace más que exacerbar este en lugar de reducirlo. Dependiendo de en qué medida el sujeto responda a esta reestructuración de su percepción del fenómeno que lo aterroriza, las preguntas y las paráfrasis necesarias podrán ser más o menos numerosas; lo importante es que en esta fase de la entrevista clínica se logre realizar el cambio de perspectiva respecto a los mecanismos del trastorno.

Una vez realizado este primer *step* de la investigación-intervención, se pasa a ilustrar claramente el funcionamiento de la dinámica respiratoria correcta y a hacer que el paciente comprenda aún más que su inspiración angustiada es lo que produce el colapso respiratorio.

Por lo general, la respuesta de los pacientes es que comprenden bien el mecanismo, pero no pueden hacer otra cosa, porque el pánico los obliga a intentar inspirar más aire desesperadamente, y concluyen que no son capaces de detener esa reacción inmediata. Entonces, el psicoterapeuta experto declara que esto no es culpa suya, sino la parte subrepticia del trastorno, y que es posible, incluso de forma rápida, modificar terapéuticamente la reacción siempre que se sigan al pie de la letra las instrucciones impartidas.

Lo descrito hasta ahora tiene como objetivo llevar, a través de una serie de «efectos de descubrimiento sugestivos», seguidos de una ilustración precisa del fenómeno, a crear la aversión emocional y el «miedo terapéutico» al mecanismo disfuncional. La finalidad es llegar a una efectiva *compliance* terapéutica, además de asegurar al paciente que está tratando con un especialista experto capaz de llevarlo a resolver su problema: este último aspecto es fundamental para aumentar el «efecto expectativa», en especial en sujetos con trastorno fóbico, un factor que eleva las potencialidades terapéuticas de cualquier tipo de tratamiento (Milanese y Milanese, 2015).

2.2. La prescripción sugestiva

Es evidente, por lo que se deduce de los relatos de los pacientes, que apelar a su voluntad de control del fenómeno disfuncional, representado por la reacción paradójica pero compulsiva debida a la sensación de falta de aire, es como verter agua sobre un impermeable. En efecto, la voluntad consciente no es capaz de oponerse por sí sola a tal evento, por lo que se hace necesario un recurso capaz de crear una experiencia alternativa concreta frente a aquella que el paciente experimenta cada vez que siente el miedo de quedarse sin aliento.

Con esta finalidad se ha desarrollado la siguiente prescripción sugestiva: «Para cambiar la situación se debe proceder a una especie de recorrido de rehabilitación hacia la correcta y espontánea respiración. Usted deberá realizar un ejercicio diario constante que le haré experimentar aquí conmigo. Bien... ¿cuándo será su próximo cumpleaños?

¿Cuántas velas tendrá en su tarta? Ahora, imagine el día de su próximo cumpleaños y el momento en que las soplará... Bien, ahora sople para apagarlas... aquí, delante de mí».

La mayoría de las veces el soplo es débil porque la persona inspira demasiado y no logra espirar con la misma fuerza, y esto se le hace notar de manera amable: «Con su soplo ha apagado cinco velas como mucho... si quiere ser más eficiente, inspire menos y ligeramente, luego sople fuerte... *(a menudo se muestra cómo hacerlo).* Verá que apagará muchas más...».

Tras algunos intentos fallidos, todos logran producir un soplo fuerte y prolongado, y en ese momento hacemos que se concentren en las sensaciones que todo esto ha producido: «Bien... ahora concentre su atención en las sensaciones que le transmite lo que está aprendiendo a hacer... Una sensación de relajación de los hombros y del torso y un vaciamiento total de los pulmones con el abdomen bajo que se contrae en el esfuerzo».

Es muy importante hacer que perciba tales sensaciones, ya que será lo que el paciente deberá reproducir en el ejercicio fuera de la sesión, dado que se trata de una experiencia concreta y correctiva de su disfuncional manera de respirar que no solo tiene un efecto fisiológico, sino también un poderoso influjo en la percepción psicológica de lo que sucede.

Alcanzado este objetivo, fundamental para los fines terapéuticos, se prescribe al paciente realizar el ejercicio de manera ritualizada cada día: «Bien... de aquí a cuando volvamos a vernos, usted deberá, cada día, al sonar cada hora, a las ocho, a las nueve, a las diez... realizar cinco veces el rito de apagar las velas, perfeccionando cada vez más su capacidad de soplar fuerte y prolongadamente...

de modo que reeduque su respiración y su mente para percibir las sensaciones beneficiosas producidas al hacerlo de manera correcta y sana».

Incluso el lector menos experto en sugestión habrá captado que la prescripción representa una especie de experiencia inducida mediante una sugestión experiencial, impartida con un lenguaje hipnótico. Esto se hace con el fin de sortear las resistencias a dejarse llevar por algo que teme, típicas de quien sufre de pánico, y permitir al sujeto experimentar sensaciones concretas alternativas a las inducidas por su habitual actuación disfuncional.

Además, este modo de proceder, tanto en el nivel del lenguaje sugestivo como en el de la experiencia concreta en directo, incrementa fuertemente la *compliance,* es decir, la observancia y la adherencia del paciente a la prescripción que ha de llevar a cabo en su vida cotidiana. Este es un factor ineludible para la eficacia de la intervención terapéutica. El objetivo terapéutico es, de hecho, eliminar rápidamente la reacción de pánico y corregir «progresivamente» el disfuncional mecanismo respiratorio producido por el miedo a quedarse sin aliento. Una progresión que comienza con un cambio que evoluciona hacia una forma de aprendizaje por medio de la reiteración del ejercicio, hasta la adquisición de una dinámica respiratoria espontánea y sana.

Con este objetivo, la prescripción se mantiene en el tiempo, ampliando progresivamente el espacio entre un ejercicio y otro: se pasa de cada hora a cada dos, tres o cuatro horas, hasta la eliminación que se realizará cuando la persona haya adquirido la capacidad de no recurrir más a la inspiración excesiva frente al temor de quedarse sin aliento, y de reaccionar espirando intensamente e inspirando ligeramente. Hasta, por lo tanto, la extinción del temor y de la sensación de falta de aire.

El recorrido requiere algunos meses, no tiempos más prolongados, aunque es obvio que el tiempo cambia según la capacidad de respuesta de cada paciente. Sin embargo, la mayoría de las terapias no requiere más de diez sesiones, con intervalos temporales entre una y otra, que se amplían a medida que la eficacia terapéutica se consolida.

En términos biopsicológicos, *in primis* se debe romper la homeostasis insana representada por la estructuración del pánico por disnea autoinducida, después se debe construir progresivamente una nueva y sana homeostasis que, precisamente por su tendencia a conservar sus características propias, una vez constituida, se mantendrá en el tiempo (Nardone y Balbi, 2008). El cambio terapéutico realizado de esta manera rara vez puede derivar en recaídas en el trastorno y por eso puede considerarse una terapia eficaz que se mantiene y se refuerza en el tiempo. Es lo que el colega y gran psicoterapeuta Jeffrey Zeig define como «un cambio rápido pero persistente en el tiempo» (Loriedo, Zeig y Nardone, 2011).

2.3. Análisis de la técnica: estratagemas, lenguaje hipnótico y ejercicio reiterado

Para comprender mejor el proceso del cambio terapéutico, parece necesario detenerse a analizar la estrategia de la terapia en sus componentes esenciales: la lógica de la actuación terapéutica, la tipología de comunicación aplicada y el proceso en su secuencialidad.

La lógica se refiere a la especificidad de las técnicas dirigidas a objetivos precisos, en nuestro caso el de crear las condiciones de posibilidad para que el paciente experimente de manera concreta «experiencias emocionales correctivas» (Alexander y French, 1946; Nardone y Watzlawick, 1990; Nardone y Milanese, 2018), es decir, eventos reales alternativos a la experiencia de la patología. En términos más accesibles, hacer que el sujeto tenga sensaciones y percepciones de libertad, control y gestión de su malestar, vivido hasta entonces como una condena ineludible.

Sobre el hecho de que este tipo de experiencia es la clave del cambio terapéutico psicológico coinciden, sorprendentemente, todas las teorías y las prácticas aplicativas de la psicoterapia, incluso las antagonistas (Nardone y Salvini, 2013). En el caso de la disnea por pánico, el objetivo de la técnica terapéutica deberá ser, por lo tanto, hacer que el sujeto experimente su capacidad de prevenir y eliminar la aterradora *escalation* psicofisiológica que conduce a la sensación de asfixia.

Con este propósito se ha recurrido a la estratagema de crear con la imaginación un vínculo con un evento feliz y repetido en la vida de cada uno (la celebración del cumpleaños) y, por lo tanto, capaz de producir una fácil y rápida identificación. Un ejercicio psicofisiológico capaz tanto de hacer sentir al paciente la sana sensación de una respiración correcta, y el bienestar asociado a ella, como de calmarlo desde un punto de vista psicológico (soplar de manera intensa y prolongada relaja a nivel físico y tranquiliza a nivel psicológico). Esta es una experiencia fácilmente replicable y bajo el control total de la persona.

Como se puede comprender, todo esto le abre al paciente un escenario de adquisición de capacidad de control de sus propias reacciones vividas hasta ese momento como totalmente incontrolables. Además, al ser la patología tan psicológica como fisiológica, este tipo de intervención representa una manera de trabajar al unísono tanto en las percepciones mentales como en las físicas. Por último, la ritualización de la repetición de la experiencia terapéutica va restando espacio a la patológica, a la que sustituye de manera gradual.

2.4. La comunicación terapéutica

La paradoja del cambio está representada por el hecho de que cuanto más se anhela, tanto más fuerte es la resistencia al mismo (Watzlawick *et al.*, 1974; Nardone y Milanese, 2018). Esta evidencia empírica, con demasiada frecuencia poco considerada, hace que el proceso terapéutico sea una realidad no fácilmente manejable, ya que a menudo está influido por la ambivalencia que los pacientes expresan la mayoría de las veces de manera no consciente y que, por lo tanto, es aún más subrepticia y difícil de gestionar.

La dinámica aparecía con mucha claridad desde los inicios de la psicoterapia, y para superarla o sortearla ya entonces se recurría al lenguaje de la persuasión. Aquel a quien podemos considerar el primer psicoterapeuta de la historia, el sofista Antifonte (siglo V a. C.), había creado una verdadera clínica psicológica donde, gracias a las armas de la retórica, ayudaba a las personas a superar sus malestares. De él escribe Filóstrato en *Vidas de los sofistas:* «Pronunciaba discursos sobre la eliminación del dolor, sosteniendo que nadie podía mencionar un sufrimiento tan terrible que él no fuera capaz de eliminarlo de la mente». Antifonte redactó incluso un manual de su práctica terapéutica, hoy lamentablemente perdido, y del cual nos habla Plutarco: *Arte para no sufrir*.

En el mismo período histórico, el primer gran médico, Hipócrates, sobrino del más conocido de los sofistas, Gorgias, cuando tenía dificultades para convencer a los pacientes de que siguieran sus tratamientos, pedía ayuda a su tío, quien con sus capacidades persuasivas hacía que incluso los sujetos más contrarios se tornaran colaboradores. Y el mismo Hipócrates da la definición de una terapia eficaz: solo «el contacto, el remedio, la palabra» pueden curar.

La historia de las intervenciones terapéuticas, no solo psicológicas, está llena del poder persuasivo de la comunicación; incluso hoy, en los tiempos de la tecnología más avanzada, se sabe que la *compliance* terapéutica, es decir, el hecho de que el paciente observe y siga el tratamiento, depende casi totalmente de «cómo» el médico se comunica con él (Milanese, R. y Milanese, S., 2015). Lo cual, obviamente, vale también para nuestro caso específico, es decir, hacer que los pacientes colaboren siguiendo el tratamiento propuesto, representado por una sugestiva práctica del acto respiratorio para reeducar esa disfuncional respuesta a la alarma de la sensación de asfixia que, reiterada en el tiempo, se ha ido transformando en una reacción patológica espontánea.

El poder de las palabras y de los gestos es un conocimiento antiguo que se renueva en el presente; tanto Sigmund Freud, el fundador de las terapias psicológicas de mayor duración en el tiempo, como Steve de Shazer, el creador de una de las psicoterapias más breves, refiriéndose a la Biblia subrayan cómo, en origen, las palabras eran mágicas. Y hoy en día son centenares las publicaciones y los textos científicos que demuestran esta realidad. Sin embargo, tanto en el ámbito estrictamente médico como en las diversas aplicaciones de la psicología, este concepto es subestimado y a menudo se observa con sospecha. Pensemos, por ejemplo, en el hecho de que «el efecto placebo»,[3] aunque se ha demostrado que es un poderoso auxilio en cualquier terapia, es evitado cuidadosamente por una cierta metodología de la investigación, alejada de la clínica aplicada, ya que se considera que solo es un mero criterio de comparación para evaluar la eficacia de un procedimiento terapéutico. Del mismo modo, la gran mayoría de las formas de psicoterapia utilizan un lenguaje racional e indicativo, evitando por principio «ético»[4] el lenguaje sugestivo.

3 Con la expresión *efecto placebo* se indica la aparición de efectos terapéuticos no causados por las reacciones químico-far-macológicas de una sustancia en el organismo o por los principios en los que se basa una intervención psicoterapéutica, sino por las atribuciones, las creencias o las autosugestiones del paciente como resultado de la intervención recibida.

4 Muchos psicoterapeutas, basándose en un prejuicio ideo-lógico, continúan afirmando que su trabajo no recurre a ninguna forma de influencia, y acusan, por el contrario, a quienes operan de manera estratégica de ser antiéticos y de manipular a sus pacientes al utilizar técnicas persuasivas o de convencimiento. En realidad, estas últimas son formas de comunicación que no fuerzan al sujeto, sino que, en todo caso, lo ayudan a superar sus resistencias y sus límites, permitiéndole así encontrar soluciones a su malestar. La crítica planteada es, por tanto, estéril e inútil, porque si el lengua-je puede ser usado para inducir y conducir, como en el caso de la persuasión, o para ganar un debate dialéctico, como en el caso

Por el contrario, en la tradición de la psicoterapia breve estratégica (Watzlawick *et al.*, 1969, 1974; de Shazer, 1982; Nardone y Watzlawick, 1990, 1997, 2005), se considera que la comunicación sugestivo-hipnótica y las formas performativas del lenguaje permiten la aplicación de la lógica del tratamiento, ya que consolidan la *compliance*.

En el caso del tratamiento de la disnea autoinducida, el poder de la comunicación para lograr que la persona practique repetidamente con observancia y adherencia la prescripción es la clave del éxito terapéutico. De hecho, hemos experimentado que impartir la instrucción usando un lenguaje carente de sugestión, explícito y directo, reducía en gran medida su observancia y adherencia y, por tanto, minimizaba la *compliance* terapéutica. Por ello se ha recurrido a la puesta a punto de una formulación sugestivo-hipnótica de la prescripción, la cual ha demostrado que es capaz no solo de lograr una alta *compliance*, sino también de crear un poderoso efecto de expectativa terapéutica que, como es bien conocido por los estudiosos de la eficacia terapéutica, representa el factor más influyente en las terapias psicológicas.

En el caso del tratamiento de la disnea autoinducida, la comunicación terapéutica más eficaz se estructura en un lenguaje decididamente imperativo[5] en la fase de la prescripción

---

del convencimiento, o incluso para forzar y condicionar, como en el caso de la manipulación, esto significa que la comunicación no puede ser ética en sí misma. La responsabilidad de las acciones no está en el instrumento, sino en quien lo utiliza (Nardone, 2015).

5 A diferencia del lenguaje «descriptivo-indicativo», típico de la explicación y de la descripción de las características de las cosas, el «imperativo-performativo» (Austin, 1962; Spencer-Brown, 1969) es el lenguaje típico de la influencia, constituido por for-

final, es decir, una comunicación no verbal reforzada con un persistente contacto ocular y movimientos de las manos y de la cabeza en sintonía con las variaciones de tono y ritmo de la voz, que deberá ser ralentizada y bien articulada.

Durante el diálogo diagnóstico, en cambio, la comunicación sugestiva se expresa en la alternancia entre un lenguaje descriptivo y otro evocativo, con el fin de hacer comprender el funcionamiento paradójico del trastorno y, al mismo tiempo, evocar un miedo terapéutico respecto a la dinámica que autoinduce la disnea, un resultado obtenido mediante preguntas —primero discriminantes, luego orientadoras y, finalmente, con ilusión de alternativa de respuesta— intercaladas con evocativas paráfrasis estructuradas sobre la base de un lenguaje analógico (Nardone y Salvini, 2004). Es decir, un diálogo estratégico construido *ad hoc* para esta patología y que induce al sujeto a llegar a una inevitabilidad del cambio.

El paciente, como ya se ha señalado, debe sentir que se halla frente a un experto que le aclara cómo funciona el trastorno que él mismo genera y sufre; que lo guía para que descubra cómo cambiar la situación y resolver el problema, y que, al mismo tiempo, le hace sentir miedo y aversión

---

mas de comunicación que evocan o inducen sensaciones que a su vez producen efectos que van más allá de su valor semántico. La opción de recurrir a esta forma de comunicación en psicoterapia breve estratégica induce al sujeto a una dimensión relacional de gran sugestionabilidad, sin caer en un estado formal de trance hipnótico, lo que ofrece al terapeuta —después de haber «capturado» al paciente— la posibilidad de sortear sus resistencias e imponer esos mensajes que lo llevarán a las experiencias concretas de cambio (Nardone y Watzlawick, 1990).

hacia lo que ha hecho hasta ahora mientras estuvo convencido de que era lo correcto y necesario.

El diálogo terapéutico y las prescripciones representan, por lo tanto, la quintaesencia de las técnicas de la hipnoterapia sin *trance* (Nardone y Watzlawick, 1990; Nardone, 2020).

2.5. El ejercicio reiterado

Cuando se trata de un cambio terapéutico que debe romper el esquema de soluciones disfuncionales ya intentadas, y además corregir un aprendizaje desadaptativo, se debe considerar que este último, si se ha reiterado durante mucho tiempo, ha terminado —como nos demuestran las neurociencias— creando en nuestro cerebro circuitos sinápticos especializados que, si no se inhiben, continúan activándose incluso si producen efectos contraproducentes.

Ya Descartes afirmaba, hace varios siglos, que para anular los mecanismos mentales y comportamentales automatizados era necesario construir otros nuevos a través de su ejercicio reiterado hasta que estos sustituyeran, inhibiéndolos, los anteriores. Ya entonces se sabía que actos que se vuelven espontáneos por repetición, aunque sean disfuncionales, para ser corregidos o eliminados necesitan la activación de modos de actuar alternativos y su reiteración durante un prolongado período de tiempo hasta que se vuelvan, a su vez, espontáneos. Después de todo, es el mismo principio de la fisioterapia, en la que la rehabilitación se realiza a través del ejercicio reiterado de prácticas correctivas.

Hay que considerar que la terapia de la disnea psicógena y de la hiperventilación crónica requieren, después de la eliminación del pánico, una verdadera rehabilitación de la respiración sana. Como se ha aclarado desde las primeras páginas, el pánico por disnea autoinducida es una dinámica que se basa en la causalidad circular entre factores eminentemente psicológicos y otros estrictamente fisiológicos. Por lo tanto, no debe sorprender que el tratamiento incluya una parte de rehabilitación fisioterapéutica, efecto de la práctica reiterada de la prescripción sugestiva orientada *in primis* a romper la dinámica del miedo patológico y a corregir la disfunción respiratoria que conduce a la disnea.

El aspecto del ejercicio reiterado se considera con demasiada frecuencia una obviedad a la que no es necesario prestar especial atención, porque se cree que el paciente debe darse cuenta por sí mismo de lo importante que es para lograr la plena eficacia de la terapia. Pero al hacerlo, el terapeuta subestima algo bien conocido en la medicina rehabilitadora, es decir, que la *compliance* a la práctica de los ejercicios de rehabilitación es tan baja como la de seguir una dieta. Esto significa que si el paciente no es incentivado constantemente en esa dirección, tiende a reducir la práctica del ejercicio hasta abandonarlo, en detrimento de los resultados de la terapia.

La experiencia que hemos acumulado en el tratamiento de la disnea ansiosa y las formas severas de pánico por disnea autoinducida nos ha enseñado que hacer un seguimiento del paciente, prestando atención al hecho de que llegue a restablecer la espontaneidad de la dinámica respiratoria, además de haber superado la patología puramente psicológica, debe considerarse parte esencial de la terapia.

De hecho, esta representa el marco final de la obra completada, ya que el tratamiento puede considerarse realmente exitoso no solo cuando se supera el miedo patológico, sino también cuando la disfunción respiratoria se corrige por completo.

En este sentido, las reuniones de *follow up,* o seguimiento, posteriores al tratamiento intensivo, también son parte integral de la terapia, ya que no solo deben monitorear si los cambios terapéuticos obtenidos se mantienen en el tiempo, sino también motivar al paciente para que siga practicando el ejercicio de rehabilitación hasta que la recuperación de una dinámica respiratoria sana se haya restablecido completamente en su espontaneidad natural.

Como se ha mencionado varias veces en otros textos (Nardone y Watzlawick, 1990; Nardone y Milanese, 2018), el cambio se puede lograr en poco tiempo, mientras que el aprendizaje, y sobre todo la adquisición de dinámicas espontáneas, requieren lapsos mayores y ejercicio reiterado: incluso el edificio más imponente se puede derribar en poco tiempo si se sabe cómo minarlo en el punto correcto, si bien para construirlo de nuevo se necesita mucha más dedicación y paciencia.

3. Cuatro casos clínicos

«Recuerda que son los hombres mismos
los artífices de sus desgracias».
PITÁGORAS

Primer CASO — Rebecca: disnea compulsiva con desmayo

Primera sesión

Se presenta en mi consulta una joven de diecinueve años, con largos cabellos negros brillantes, ojos igualmente oscuros llenos de vitalidad, alta, esbelta; en resumen, una de esas muchachas que muchos considerarían bendecidas por la naturaleza. Apenas se sienta, rompe a llorar y comienza a inspirar rápida y profundamente en *escalation;* su rostro se vuelve cada vez más rojo y contraído y está a punto de desmayarse.

La miro directamente a los ojos y le digo con voz fuerte y decidida: «¡Mírame! ¡Mírame! ¡Mantén tus ojos en los míos!». Una vez capturada su mirada, procedo a prescribirle: «Sopla tan fuerte como puedas». Ella obedece, y yo le repito: «Otra vez… sopla tan fuerte como puedas e inspira lenta y suavemente… Sopla durante mucho tiempo, tanto como puedas».

Mientras Rebecca —ese es su nombre— obedece, mantengo mi mirada fija en la suya y, a medida que la disnea se disuelve, bajando el tono y el ritmo de la voz, le digo: «Bien… bien… Ahora ralentiza y reduce progresivamente tu soplido hasta respirar naturalmente». La joven me sigue al pie de la letra, y mientras los parámetros respiratorios vuelven a la normalidad, su cuerpo se relaja, libera tensión y se deja caer sobre la silla.

Después de unos segundos de total relajación, me mira sorprendida y exclama: «¿Qué me ha hecho? Es la primera vez que logro interrumpir una de mis crisis… Normalmente me desmayo…, pero luego se me pasa. He visto a muchos doctores, pero ninguno ha logrado ayudarme a controlar una crisis… He ido muchas veces a urgencias… y no me hacían nada porque… ¡bueno! Después de desmayarme, se me pasa. Pero luego vuelve, y ya no puedo vivir así… Me han dado ansiolíticos y no me hacen nada. Cuando la crisis empieza es incontrolable… Siento que me ahogo y trato de tomar aire, pero no lo consigo y me asusto; tengo tanto miedo de morir algún día… Justo ahora, mientras hablamos, temo que me vuelva a ocurrir».

La joven comienza a agitarse de nuevo, y yo le ordeno otra vez: «¡Mírame! ¡Mantén tus ojos en los míos! ¡Y sopla de nuevo profundamente cinco veces! Sentirás que tus hombros se relajan y que tu mente se calma».

Ella obedece y exclama sorprendida: «Es verdad, lo siento… pero ¿me está hipnotizando?». Le respondo con tono tranquilizador: «No exactamente; solo estoy usando un poco de sugestión para que experimentes cómo puedes gestionar tus reacciones y asumir el control». Rebecca, con los ojos muy abiertos, responde: «Sería maravilloso si pudiera hacerlo». Y yo le respondo: «Bueno, veamos cómo hacer que lo aprendas».

De ahí en adelante, la sesión se centró, según el protocolo terapéutico, en lograr que Rebecca comprendiera cómo funcionaba su problema y de qué manera su disnea hasta el desmayo era autoinducida por el intento contraproducente de combatirla. Esto se hizo alternando el uso de analogías evocativas y explicaciones científicas, así como descripciones explicativas del fenómeno paradójico particular.

Una vez logrado el objetivo de hacerle sentir y comprender el funcionamiento del problema y cómo podría resolverse, pasamos a la prescripción: «Bien, Rebecca, de aquí a nuestra próxima cita, deberás trabajar intensamente para aprender a no ser presa del pánico y a no poner en práctica tu desastrosa respuesta. Deberás aprender a hacer contigo misma lo que hoy te he hecho experimentar. Para ello, deberás seguir al pie de la letra lo que te voy a prescribir: imagina tu próximo cumpleaños… Si no me equivoco, tendrás veinte velas en tu tarta. Ahora imagina que las apagas… Sopla, sopla fuerte». Rebecca sopla. «Bien, bien; veo que soplas muy bien; ahora repítelo cinco veces». Ella obedece.

«Así que, Rebecca, todos los días, al sonar cada hora, deberás imaginar el día de tu cumpleaños y apagar cinco veces las velas de la tarta. ¡Comencemos a reeducar tu cuerpo y a pacificar tu mente!».

Comentario sobre el caso

El caso de Rebecca representa un ejemplo bastante común de disnea autoinducida por el pánico a la asfixia. Lo que sin duda es grave no es el caso en sí, sino el hecho de que este trastorno pueda incapacitar completamente la vida de quien lo padece. De hecho, desde hace tiempo la paciente ha ido reduciendo, hasta la evitación total, cualquier situación que pudiera agitarla, ya fuera negativa o positiva, ya que incluso la más leve alteración de la respiración activaba la *escalation* de la disnea autoinducida. La primera sesión con ella representa un ejemplo de cómo se puede intervenir inmediatamente en una crisis en curso, interrumpiendo su *escalation* hasta el desmayo, lo cual a su vez representa para ella la «experiencia emocional correctiva» capaz de abrir la posibilidad de cambio terapéutico. Es decir, cuando el sujeto en plena crisis es conducido a sentir de modo particular cómo es posible gestionar y eliminar la crisis, descubre la posibilidad de resolver su problema incapacitante y se vuelve del todo confiado en la terapia, plenamente colaborador, observante y cumplidor de la misma.

Está claro que una *performance* terapéutica de este tipo requiere, por parte del psicoterapeuta, una notable experiencia en el uso de hipnosis sin *trance* (Nardone, 2020): una técnica que le permite captar la plena atención del paciente, alejándolo de su intento fallido de controlar su propio pánico, y guiarlo sugestivamente para que active las contramedidas idóneas para las crisis de disnea autoinducida, interrumpiendo su *escalation* patológica. De esta manera, se crea una experiencia concreta e innegable de lo que el paciente deberá y podrá adquirir como competencia personal. Por lo tanto, un caso tan intimidante como el de Rebecca, que muestra una sintomatología irrefrenable frente al terapeuta, si se maneja de modo correcto, se convierte en un caso fácil de tratar respecto de otros menos dramáticamente afectados por el trastorno.

Segunda sesión

Rebecca se presenta después de diez días, sonriente y con una mirada luminosa. Cuenta que ha seguido al pie de la letra las indicaciones y ha obtenido un gran beneficio, hasta tal punto que ya no se ha desmayado. «En algunos casos sentí que la sensación de miedo y de falta de aire volvían», relata, «pero inmediatamente pensaba en usted… en sus ojos, en su voz… y soplaba. Así todo se detenía. Fue una sensación intensa y bonita comprobar que podía dominar a esa bestia que antes me aniquilaba».

«Bien, bien», respondo; «has hecho un gran trabajo desbloqueando la situación».

«No, no», contesta ella; «¡ha sido usted quien ha hecho magia!».

«Has sido tú», insisto, «quien ha puesto en práctica la solución; yo solo te he mostrado cómo hacerlo; fui el estratega y tú el soldado que va a la batalla; por tanto, el mérito es más tuyo que mío».

Después de este intercambio, la sesión se centró en imaginar todo lo que Rebecca podía y debía hacer para recuperar una vida plena y libre, volviendo a realizar lo que el miedo patológico le había quitado o le había impedido hacer. Al planificar cómo proceder en esta dirección, cómo actuar sabiamente, se aclaró que debía dar pequeños pasos, sin apresurarse, para no correr el riesgo de tropezar.

La regla de oro de la psicoterapia breve estratégica es ser «lentamente apresurados», porque, si se acelera demasiado en los procesos de cambio planificados, se corre el riesgo de perder el rumbo o de crear más resistencias. Por ello, se acordó con la paciente recuperar las experiencias de manera progresiva. En lo que respecta a la prescripción, en lugar de cada hora se estableció realizarla cada dos horas, explicando claramente que, después de romper el esquema patológico de percepción y reacción, se debe mantener el ejercicio voluntario hasta que se transforme en una respuesta psicológica y fisiológica espontánea y natural.

Desde la tercera sesión en adelante

Asombrosamente, Rebecca manifiesta en su tercer encuentro su sensación de renacimiento. Se muestra satisfecha por no haber tenido más síntomas amenazantes y por haber avanzado, como se acordó, en la recuperación de aquella parte de su vida que antes no podía vivir debido al miedo paralizante. También afirma que ha sido muy cuidadosa en no dejarse llevar por el entusiasmo. En resumen, se muestra como la paciente «perfecta» que sigue al pie de la letra las prescripciones y no va más allá de los límites establecidos.

Su terapia continuó durante otras cinco sesiones, ampliando de manera gradual el intervalo de tiempo entre cada una. Seis meses después de nuestro primer encuentro, la joven alcanzó el objetivo final de la terapia: su respiración volvió a ser naturalmente regular y la sensación de falta de aire se convirtió en un recuerdo que, aun cuando sea doloroso, representa una gran lección de vida.

El miedo de Rebecca a asfixiarse ha desaparecido por completo, dejando paso al placer de respirar bien, lo cual también se ha comprobado porque ha retomado su deporte favorito, la carrera de velocidad. Por último, ha recuperado plenamente la alegría de vivir, que era una de sus características, oscurecida por ese terrible e incapacitante trastorno.

Segundo CASO — Massimo: el atleta sin aliento

Primera sesión

Alto, atlético e imponente, pero con una mirada abatida y una actitud intimidada, Massimo es el último paciente de una agotadora jornada de casos difíciles de tratar; su imagen contradictoria estimula de inmediato mi atenta observación. Se sienta y, con voz entrecortada por la emoción, dice: «Estoy desesperado... Soy un hombre acabado... Ya no puedo hacer nada que requiera esfuerzo porque siento que no respiro; me falta el aire... Siento que me asfixio, el corazón me late a mil; tengo que detenerme, pero antes de recuperar el aliento pasa un buen rato y me mareo».

«¿En qué situaciones le sucede esto?, ¿cuando se somete a un esfuerzo o también en reposo?», le pregunto.

Y él responde: «Todo comenzó hace seis meses durante un partido. Soy futbolista; hice un esprint y un buen tiro a puerta y sentí que no respiraba bien, que me faltaba el aire. Entonces hice algunos ejercicios de respiración..., pero no lograba que el aire bajara... Sentí que me mareaba, me desplomé..., pero no tenía aliento, ni siquiera para pedir ayuda... Me socorrieron de inmediato llevándome fuera del campo. El médico me dijo que debía estar tranquilo, acostado y respirar lentamente, y así, después de un rato, todo volvió a la normalidad».

«¿Le dio algo o todo volvió a la normalidad por sí solo?», pregunto.

«No. Todo volvió a la normalidad poco a poco; el médico dijo que había tenido una disnea por hiperventilación y que no era nada grave…, pero yo sentí como si algo se hubiera roto dentro de mí. No regresé al campo por miedo a que me volviera a pasar. Desde entonces comenzó el calvario».

Como Sigfrido, el joven atleta ha sido herido, pero no por una lanza en su único punto débil, sino por el pánico provocado por la aterradora experiencia de su cuerpo colapsando por falta de aire.

Massimo me explica que el diagnóstico «tranquilizador» del médico deportivo no solo no lo calmó, sino que le hizo experimentar una mayor preocupación porque sentía que corría constantemente el riesgo de reproducir de manera involuntaria, como sucedió en el campo, ese nefasto fenómeno. Luego rompe a llorar como un niño que se ha lastimado: «Llevo seis meses sin jugar ni entrenar; mi carrera ha terminado y yo con ella… He valorado acabar con todo. El otro día, mientras conducía el cochazo que podía permitirme como futbolista, sentí el deseo de acelerar a toda velocidad, chocar y poner fin a este tormento…».

Acojo su dolor y le comunico con expresa cercanía emocional que lo entiendo bien, ya que yo mismo, de joven, tuve que abandonar una prometedora carrera deportiva debido a un grave accidente; sin embargo, le hago notar que, en su caso, nada se había roto realmente en él, ya que su problema era un trastorno incapacitante de pánico causado por la aterradora sensación de asfixia por disnea autoinducida; un problema que podía resolverse incluso rápidamente si seguía mis prescripciones.

En ese momento, el joven pasa del llanto a una leve sonrisa afirmando que va a seguir todo al pie de la letra y me confiesa que fue el médico de su equipo quien le aconsejó que viniera a verme, diciendo que su problema estaba en su cabeza y no en su cuerpo. Comencé explicándole que debíamos reeducar tanto su mente como su respiración, y que para ello teníamos que empezar con un simple ejercicio que debía repetir varias veces al día. Al considerar que, como atleta profesional, estaba acostumbrado a entrenar, no tendría dificultades en ser constante y cumplir la prescripción. Luego lo invité a que imaginara la tarta, las velas y el hecho de que las apagaba, como establece el protocolo, cada hora durante las dos semanas siguientes.

Segunda sesión

El joven atleta se presenta a la segunda sesión con una actitud muy diferente a la de la vez anterior; ya no parece tenso como una cuerda de violín, sino relajado y sorprendido por el efecto de su trabajo de reeducación.

«Hola, profesor», comienza; «debo decirle que estoy muy sorprendido por el ejercicio que me mandó realizar… Al principio tuve un poco de dificultad y también algo de miedo, pero luego sentí un gran beneficio; los pulmones, primero completamente vacíos, y luego no llenos, sino abiertos; los hombros y el cuello se relajaban y luego todo el cuerpo…, pero, dígame: ¿se trata de hipnosis? Porque me sentí otra persona sin ese peso en el pecho, y con la mente lúcida y tranquila. Y lo más extraño es que ya no tuve la sensación de falta de aire ni el miedo a que me faltara… En resumen, no fue algo catártico, sino que recobré gradualmente mi propia respiración».

«Bien, bien», le respondo; «debes saber que no eres una excepción, sino que les sucede a todos los que se aplican con observancia y constancia en la ejecución del ejercicio de recuperar las sensaciones que me has descrito, porque estas son las naturales, y no las alteradas por la reacción de pánico en una respuesta psicofisiológica disfuncional». A partir de aquí procedo a realizar una extensa explicación del funcionamiento de la disnea por hiperventilación y de la trampa de la falta de aire.

Massimo, muy contento con la aclaración, y sobre todo con el resultado, me hace una pregunta bastante difícil: «¿Me garantiza que si vuelvo a jugar no volverá a sucederme lo mismo?». La respuesta aquí nunca debe expresar una seguridad absoluta, algo que nadie puede garantizar, sino una llamada a la responsabilidad del paciente tanto para construir como para anular el mecanismo patológico de la disnea autoinducida.

«Mira», le respondo; «no existe una seguridad absoluta en nada…, pero, dado que tu trastorno incapacitante fue, como hemos demostrado, el producto de una modalidad fallida y contraproducente de combatir el miedo a asfixiarse por falta de aire, si trabajas con constancia durante un tiempo en la reeducación de la respiración y en reaccionar, incluso bajo estrés por miedo a la falta de aire, de manera no patológica, sino de un modo que haga desaparecer esa sensación, la probabilidad de que te vuelva a suceder es muy, muy limitada».

«Haré todo lo necesario», afirma Massimo; «se lo prometo».

«Bueno, debes prometértelo a ti mismo, no a mí. De todos modos, has de saber que tan pronto como te sientas listo, comenzaremos a experimentar el "apagar las velas" incluso en situación de esfuerzo, precisamente con el fin de reeducar el cuerpo y la mente para que reaccionen de manera adecuada y natural a esa situación de fatiga».

«No veo la hora», responde sonriendo.

«Sin prisa, querido Massimo; ciertos procesos de cambio y reaprendizaje requieren algo de tiempo. Si corres demasiado rápido, tropiezas. Para la próxima semana, mantén el ejercicio, pero cada dos horas. Además, si experimentas la sensación de falta de aire o de fatiga, apaga cinco veces las velas de tu tarta de cumpleaños como respuesta inmediata a ese malestar».

Tercera sesión

Massimo vuelve después de dos semanas un poco más confiado y sonriente: «Profesor, tengo que hacerle reír. Usted no lo sabe, pero vivo en un edificio de seis pisos en un bonito ático. Dos días después de haber estado con usted se averió el ascensor y tuve que subir los seis pisos por las escaleras varias veces al día y a veces incluso con la compra. Así que tuve que practicar su prescripción muchas veces. Al principio, debo confesarlo, tuve miedo, pero luego comprobé que soplar profundamente e inspirar ligeramente funcionaba bien para recuperar energía y, sobre todo, para mantener la calma incluso en situación de esfuerzo».

«A veces la casualidad ayuda», respondo alegre, mientras él continúa diciendo que sentía que estaba recobrando una sensación de dominio de sí mismo lúcida y consciente, algo que antes nunca había experimentado, ya que actuaba sin reflexionar o impulsivamente y le parecía que todo debía ir bien por un don de la naturaleza. Esta afirmación suya me llevó a entablar una esclarecedora discusión sobre la naturalidad de las cosas y sobre la interpretación de la misma que hacemos cada cual para bien y para mal, es decir, el hecho de que, de todos modos, somos los artífices de nuestro destino y, como sostenía Aristóteles, cualquier cosa que hagamos es la suma de nuestros hábitos: «Somos lo que hacemos repetidamente».

Nos ponemos de acuerdo en que mantenga el ejercicio cada tres horas, se someta a un esfuerzo físico diario y se recupere usando el «nuevo» método psicofisiológico.

Desde la cuarta sesión en adelante

El joven atleta ha sido extremadamente diligente en la realización de los ejercicios hasta adquirir, incluso en situación de esfuerzo, una respuesta natural y funcional a la sensación, anteriormente aterradora, de respiración agitada. Y su miedo, antes fuera de control, ha vuelto a niveles de gestión consciente. Tres meses después de nuestro primer encuentro, Massimo ha retomado los entrenamientos de fútbol y dos meses más tarde ha vuelto al campo, reanudando así su prestigiosa carrera como futbolista profesional.

Como queda claro en la narración y en los extractos de las entrevistas clínicas, este caso difiere notablemente del anterior en cuanto a la tipología de la persona y el estilo de vida, si bien el efecto nefasto del pánico por disnea autoinducida es el mismo: una total incapacitación del sujeto abrumado por una sintomatología incontrolable. El protocolo de tratamiento fue el mismo en ambos casos, con la adición de pruebas sistemáticas en situación de esfuerzo cada vez más elevado, una adaptación terapéutica específica para el caso del atleta, que debe recuperar la confianza en su propio cuerpo y eliminar por completo el miedo a realizar esfuerzos físicos elevados.

También es evidente la diferencia de lenguaje y de relación entre el caso de Rebecca y el de Massimo, lo que pone de relieve la importancia crucial de adaptar la comunicación terapéutica a las características del paciente y de su contexto de vida. Es importante tener siempre en cuenta que, aun cuando la técnica terapéutica sea la misma, la comunicación y la relación terapéutica cambian siempre, ya que deben adaptarse a la originalidad irrepetible de las características de cada persona.

Tercer CASO — Augusto: el abuelo sin aliento

Se presentan ante mí dos mujeres jóvenes acompañadas de un anciano con una mirada sombría y una evidente desconfianza, hasta tal punto que se resiste a entrar en la consulta y las dos tienen que tomarlo del brazo para convencerlo de que entre.

Una vez sentados, la más resuelta de las dos mujeres expone el problema: «Estamos aquí por nuestro abuelo, que, como ha visto, es bastante escéptico. Desde hace un tiempo se ha bloqueado completamente porque tiene miedo a morir; siente que le falta el aire…, suspira constantemente… A veces respira en profundidad porque dice que siente que se asfixia; luego se marea, tiene que sentarse, pero no acostarse, porque entonces siente aún más que le falta el aliento». Y, dirigiéndose al anciano, pregunta: «¿Verdad que es así, abuelo?».

Él asiente: «Sí, exactamente… Siento que dejo de respirar y cada vez me parece que voy a morir asfixiado… Respiro…, respiro pero no logro tomar aire. Luego toso fuerte y siento que vuelve un poco de aire…, pero me da vueltas la cabeza. Entonces me siento, toso varias veces y luego me recupero poco a poco. Han pasado varios meses y no me encuentro mejor».

«¿Ya ha consultado a otros médicos o es la primera vez que busca ayuda?», pregunto. A esta primera cuestión responde rápidamente la otra nieta: «Hemos ido a varios especialistas, el último fue un neumólogo. Todos nos han dicho que no hay nada orgánico, que su salud está bien, que es un problema de ansiedad. El neumólogo especificó que se trata de hiperventilación crónica y disnea ansiosa. Francamente, no entendimos qué es, pero nos dijo que buscáramos un buen doctor de la mente. Por eso estamos aquí».

La investigación posterior sobre el trastorno, con preguntas específicas para discriminar la patología, confirma claramente el diagnóstico de los médicos: la disnea solo aparecía en estado de vigilia, nunca de noche, y la hiperventilación constante era el resultado de los suspiros continuos del anciano. Todo había comenzado después de un episodio de disnea por exceso de mucosidad debido a una bronquitis y un resfriado que lo habían afectado de manera grave aproximadamente un año antes.

Un problema adicional, además del pánico por disnea autoinducida, era que el anciano parecía convencido, a pesar del diagnóstico que lo descartaba, de que su trastorno tenía un origen orgánico oscuro y desconfiaba abiertamente de los tratamientos psicológicos, que asociaba con una especie de brujería. Por lo tanto, se trataba de superar sus resistencias, además de intervenir con una terapia específica.

Para ello, comienzo a hablarle sintonizando con su visión de las cosas, con el fin de guiarlo para que después siga mis indicaciones: «Tiene toda la razón al estar convencido de que su problema es orgánico, porque realmente lo es… Y es también de una tipología muy insidiosa, ya que se trata de una mecánica orgánica, es decir, que lo que produce su sensación real de asfixia es el resultado de un mal funcionamiento de la mecánica respiratoria».

Continúo luego ilustrando el mal funcionamiento que se ha creado en su acto respiratorio, destacando la dinámica fisiológica «natural» aunque contraproducente. Una vez establecido el acuerdo sobre el funcionamiento de la mecánica del problema, la propuesta del ejercicio «fisioterapéutico» a practicar no solo es aceptable para él, sino también una consecuencia más que razonable de la explicación ofrecida sobre su trastorno. Y así, para gran sorpresa de las dos nietas, el abuelo pasa de ser un paciente que oponía resistencia, a convertirse en un sujeto decididamente colaborador y dispuesto a poner en práctica las instrucciones «médicas».

También en este caso propongo llevar a cabo el ejercicio de apagar las velas de su próximo cumpleaños, aunque son muchas: ¡74! Por lo tanto, soplar durante mucho tiempo inspirando solo brevemente habría podido parecerle algo laborioso; pero el anciano, como un niño sorprendido, se compromete sintiendo curiosidad por el juego a realizar.

Como sucede a menudo con las personas de cierta edad, si se logra captar su atención, estableciendo con ellas una relación adecuada, se convierten en los pacientes con mayor *compliance,* y se fían plenamente del médico que les inspira confianza. De hecho, nuestro abuelo sorprendió aún más a las dos nietas, tan cariñosas con él, poniendo en práctica mi prescripción diligentemente y al pie de la letra en las dos semanas siguientes y obteniendo los beneficios deseados.

En la segunda sesión, de hecho, sonriente y sorprendido por los efectos obtenidos con un ejercicio «tan simple», el abuelo exclama: «Gracias, doctor… gracias, gracias… He vuelto a sentir mis pulmones llenos y cómo mi respiración fluía suavemente. Incluso me di cuenta de que a veces no pensaba en ello durante un rato, mientras que antes siempre estaba tratando de sentirlo… También mis suspiros continuos se han reducido. Bueno, a veces vuelven, pero recuerdo sus palabras y los detengo de inmediato… Sin embargo, esto es una lucha, porque el impulso surge sin que me dé cuenta».

«¡Realmente es una lucha! Tiene razón. Es un mal hábito adquirido que debemos desmantelar», replico rápidamente. Y añado: «Pero si continúa como ha empezado… también este síntoma desagradable será eliminado porque, como habrá notado, estamos reeducando la respiración para que vuelva a funcionar de manera sana y espontánea… Solo hay que mantener el rumbo sin rendirse y llegaremos a la meta». Él sonríe asintiendo.

La terapia siguió el protocolo durante algunos meses, hasta que su respiración volvió a funcionar de manera espontánea y natural. En la última sesión, las dos nietas me traen un pequeño y simbólico regalo, y me dan las gracias por haberles devuelto al abuelo simpático y cariñoso de antes. Le echo un vistazo; es un pequeño búho de madera tallada, un símbolo de sabiduría.

COMENTARIO SOBRE EL CASO

En este caso, como parece evidente, lo que ha hecho posible una terapia eficaz ha sido sintonizarse con el punto de vista del paciente, utilizando lo que hace cuatro siglos Blaise Pascal, el maestro de la persuasión, indicaba como la técnica comunicativa idónea para corregir las opiniones y las acciones, a saber, ponerse en el punto de vista desde el cual la persona percibe las cosas, haciéndole sentir que lo consideramos correcto, sin contradecirlo nunca, y añadir otra perspectiva para complementar la suya sin sustituirla. Esta será aceptada de buen grado, haciendo evolucionar, más allá de todas las resistencias, la acción del sujeto, quien a través de la experiencia modificará a su vez sus opiniones. No es casual que las dos almas de la psicoterapia breve estratégica sean la técnica adaptada al problema y la comunicación adaptada a la persona.

Cuarto CASO — La violinista bloqueada

Este último ejemplo de tratamiento real, a diferencia de los otros expuestos mediante una narración intercalada con extractos de los diálogos terapéuticos, se presenta en forma de transcripción integral de la primera sesión y de extractos de las sesiones posteriores. El objetivo es sumergir al lector aún más en la atmósfera de una intervención terapéutica real y concreta.

Primera sesión

Siglas: T = terapeuta, P = paciente

T: Bien, entonces antes de empezar debo cumplir con un rito obligatorio. Mira: un micrófono, las cámaras, todo lo que se hace en mi consulta se graba en vídeo; así puedo controlarlo todo, volver a verme, estudiar, entender...

P: Muy bien.

T: Pero debo decírtelo antes porque la secretaria te hará firmar un documento.

P: Sí, sí.

T: Entonces, ¿eres violinista?

P: Sí.

T: ¡Guau! ¿Y qué te trae aquí?

P: Bueno, yo lo conozco bien porque he leído muchas de las cosas que ha escrito.

T: ¡Mmm!

P: Vine a Italia hace casi quince años. Hace cuatro aprobé la oposición y obtuve la plaza en la orquesta; y realizo un trabajo que me encanta. Digamos que estoy aquí porque tengo un problema muy grande: tengo miedo de desmayarme mientras toco.

T: ¡Oh!

P: Esto me paraliza y está afectando a toda mi vida, pero sobre todo a mi profesión. Lo digo porque me encanta mi trabajo; no sabría hacer otra cosa, es todo para mí, ¡eso es!

T: Espera, te haré algunas preguntas con el fin de ayudarte, ¿me lo permites?

P: Sí, mejor.

T: Entonces, antes que nada, este miedo a desmayarte mientras tocas, ¿lo has tenido siempre o ha aparecido solo recientemente?

P: Ha aparecido sobre todo en los últimos tiempos.

T: ¿Surgió cuando obtuviste un papel tan importante en la orquesta de La Scala o lo tenías ya antes de conseguir ese papel?

P: No, ya lo tenía, porque yo, antes de obtener la plaza hace cuatro años, trabajaba con contratos temporales…, así que llevo tocando en La Scala desde hace ocho o nueve años, y mi primer y verdadero ataque de pánico lo tuve en Udine mientras realizaba un ensayo con la orquesta en el conservatorio… Me sentí un poco mareada y después noté una serie de cosas que ni siquiera conocía porque no sé…

T: Claro.

P: Ataques de pánico, este problema… Al menos en mi familia nunca había oído hablar de ello y me parecía todo tan extraño, y estaban aumentando mucho, muchísimo, hasta que una vez terminé en urgencias… Bueno…, luego fui al médico de familia y al cabo de dos minutos me recetó psicofármacos. Obviamente, estos psicofármacos me hicieron sentir bien durante unos veinte días, pero después de un año tomándolos ya no tenía ganas de seguir y seguramente trabajaba ya para recuperarme. ¿Sabe? Odio tomar medicamentos, todas esas porquerías.

T: Comprendo.

P: Y nada, en estos diez años he llevado a cabo mi actividad, he salido, he ido de gira…, cosas varias, así que no he tenido grandes problemas. Claro que, en el fondo, siempre me quedó un poso de esta ansiedad... Pero la verdad es que desde septiembre hasta ahora ha aumentado mucho, muchísimo; sin embargo, nunca he renunciado a un concierto: di el último hace tres días, aunque con un esfuerzo enorme. No le niego que he comenzado varias psicoterapias, porque para mí, obviamente, no es muy cómodo venir hasta Arezzo, pero ahora estoy al límite y me he dicho: «Basta, tengo que ir».

T: Entiendo.

P: También me puse en manos de un psicólogo de los de su consulta en Vigevano y asistí a algunas sesiones, pero…

T: Tranquila, conozco a todos mis colaboradores; él es muy bueno en varias áreas, aunque no en lo relativo a la *performance*.

P: OK. *(Risita).*

T: Escucha, te lo voy a decir alto y claro, ¿OK? Una cosa es trabajar en otros problemas, pero para trabajar en el bloqueo de una *performance* debido al pánico, hay que ser un *performer;* de lo contrario, el paciente lo nota. Y si siente que no eres un *performer,* no confía.

P: Ah, OK.

T: Sois animales complicados, ¿OK? *(Risas)*

P: Claro que sí, estoy muy de acuerdo. *(Asiente y ríe).*

T: Pero es así. Si lo piensas, es natural que sea así. Debo sentir que el otro tiene algo en lo que yo pueda confiar. Si el otro no tiene algo más que lo que yo tengo, y en lo que pueda confiar, ¿por qué debería fiarme de él? ¡¿Mmm!? Así que no estoy criticando a mi colaborador...

P: No, no, lo he entendido perfectamente.

T: Solo estoy diciendo que no era adecuado para esto.

P: Lo entiendo; eso me consuela un poco, porque esperaba que hoy me dijera: «Mire, no hay nada que hacer con usted porque... Ejem...».

T: Entonces, ¿qué otros intentos de solución has probado?

P: En septiembre fui a un psicoanalista en Milán que, al parecer, es muy bueno... Así que no esperaba que ya en la primera sesión me recetara psicofármacos, y esto ya me causó cierta impresión...

T: OK. ¿Y luego?

P: Luego comencé a leer y a buscar por mi cuenta; y leí sobre la técnica EMDR.

T: EMDR. De acuerdo, continúa.

P: Hice un poco de eso también y no funcionó.

T: Pero también es una técnica que funciona, y tengo mucho respeto hacia ella porque Francine Shapiro, que la fundó, es una colega mía; estuvimos juntos en el Mental Research en los años ochenta.

P: Ah, no lo sabía.

T: Es una técnica hipnótica que funciona bien en los trastornos postraumáticos, porque fue diseñada para eso.

P: OK..., ya veo. Mire, yo...

T: Funciona en los trastornos postraumáticos, pero cuando la aplicas a otra cosa ya no.

P: Mmm.

T: ¿Y qué otro intento has hecho?

P: *(Risita avergonzada).* Debo decir que solo estos; al final lo dejé todo en suspenso.

T: Claro.

P: Hice EMDR hasta la semana pasada, pero con el concierto de hace dos días vi que... Es decir..., era lo mismo, en mí no...

T: Claro, OK.

P: Y a propósito del doctor ——————, psicoanalista, fui a su consulta y le dije: «Mire, ya no quiero tomar más…», así que dejé de tomar la medicación. Durante la vida diaria logro… mantenerla un poco a raya, la verdad. Hago de todo: los viajes, tomo los trenes, estoy muy bien sola…

T: Sí, tienes un problema específico de la *performance,* que afecta a lo que más te importa. Curiosamente, el miedo te está fastidiando en lo que más te interesa.

P: Sí, más que cualquier otra cosa.

T: Así es. Y puedo decirte que lo tuyo no es una forma de ataque de pánico, sino una forma obsesivo-fóbica. ¿OK? No es fóbica, es obsesivo-fóbica, ¿entiendes?

P: *(Asiente).* Obsesivo-fóbica.

T: Porque afecta a lo que más te importa. Bien, esto ya debería hacerte tomar distancia de ciertas terapias, ¿OK?

P: Absolutamente de acuerdo.

T: Pero quiero indagar más en tus intentos fallidos de solución para luego investigar específicamente sobre el problema.

P: Vale.

T: Entonces, imagino que mi colaborador habrá intentado usar nuestros protocolos; ¿qué intentó hacer contigo?

P: Trató de conseguir que yo escribiera en el momento, mientras me estaba pasando…

T: ¿Y luego?

P: Bueno, eso me funcionaba durante la vida diaria, pero mientras toco no puedo detenerme y ponerme a escribir.

T: Claro, es imposible, ¿qué más?

P: Luego me prescribió que dijera y pensara durante el concierto, mientras comenzaba a llegarme el agobio: «Sí, ven»… En resumen, que lo desafiara.

T: Es decir, aumentar la técnica de la peor fantasía; aumentarla, aumentarla, aumentarla, ¿es eso?

P: Sí, trabajar la peor fantasía, digamos, media hora al día.

T: Primero media hora, luego cinco minutos, y luego durante la *performance*.

P: Sí, exacto.

T: ¿Y lograste ponerlo en práctica o no?

P: Lo intenté; puse mis mejores intenciones durante la media hora de la peor fantasía…, pero no logré meterme en el papel, creo yo.

T: Bien, entonces nunca lograste identificarte con el papel.

P: Identificarme sí, y sentirme realmente mal.

T: El miedo…

P: ¡Exacto!

T: Bien, pero ¿no te explicó mi colega que ese es exactamente el efecto que queremos provocar?

P: Sí, más o menos… Cuando en la siguiente sesión le conté que no lo había logrado, él me dijo: «Ah, no te preocupes, es algo normal; significa que no tienes este problema». *(Expresión irónica en el rostro).*

T: No, perdóname; vale, ahora lo entiendo.

P: Luego me dijo: «Dejemos esto; ahora probemos otra terapia», pero después de siete u ocho sesiones…

T: ¿Qué más te dijo que hicieras?

P: Bueno, dejé de escribir… Luego me dijo que mientras estaba tocando, incluso durante el concierto, levantara los ojos, me relajara…

T: OK. A ver si lo he entendido bien: cuando te mandó hacer la media hora en la que debías pensar en lo peor, pensaste en lo peor y lo peor no venía.

P: No.

T: ¿Y él dijo que era normal y cambió de estrategia?

P: No, me mandó hacer esto durante dos semanas.

T: ¿Y luego?

P: Y luego me dijo: «Dejemos esto entonces; mientras estás tocando, si sientes que te llega, debes desafiarlo, debes decir dentro de ti misma: "Sí, ven. Ven, sí"».

T: ¿Y tú intentaste hacerlo?

P: Lo intenté, pero no funcionó mucho.

T: ¿En el sentido de que la cosa aumentaba?

P: Aumentaba... ¡Exacto!

T: En ese caso, entonces, lograbas aumentarla.

P: Sí. *(Risas)*.

T: Mientras que en la media hora en la que debías pensar en lo peor no lo lograbas; de hecho, se producía el efecto paradójico: cuanto más lo buscabas, menos venía.

P: Eso es.

T: ¿Pero él te mandó hacer solo la media hora y luego, después de dos semanas, te dijo que lo hicieras durante el concierto?, ¿o te prescribió que hicieras un entrenamiento?

P: Me mandó hacer también algo más: que si me sucedía durante el día, o durante un ensayo que fuera menos importante, podía decir: «No, lo pienso después», y hacerlo en la media hora siguiente.

T: Está bien, pero ¿no te enseñó a usar la peor fantasía varias veces al día como entrenamiento mental?

P: No, eso no; solo la media hora.

T: Hemos entendido dónde se equivocó. Lo primero que observo es que no siguió al pie de la letra el protocolo para quien tiene un miedo, ya sea fóbico u obsesivo. Es decir, la técnica de la peor fantasía funcionaba bien, pero después de algunas semanas durante las cuales dedicaste la media hora a evocar las peores fantasías sin lograrlo, es necesario entrenar tu mente para evocar los miedos en situaciones cotidianas y darte cuenta de que «cuanto más la busco, menos aparece». Hasta que te encuentres en la situación de «la busco y la anulo». Así que no te hizo pasar por la fase de entrenamiento; es como si te hubiera hecho experimentar que puedes tocar el violín, pero luego no te hubiera mandado practicar antes de enviarte a dar un concierto. Es evidente que tocarás mal. Así pues, esto fue un error formal; pero ahora quiero analizar bien tu problema para entender si esa técnica era o no la idónea para ti. Según hemos visto, llevas arrastrando esto desde hace un tiempo, ya que surgió incluso antes de tener una responsabilidad importante en la orquesta.

P: Sí, exacto.

T: Bien, en el momento en que llega el miedo a desmayarte, ¿cuáles son tus sensaciones? ¿Sientes que te falta el aliento, que te mareas, que el corazón late muy fuerte?, ¿dices: «Me voy a desmayar»?

P: ¡Exacto! Es la sensación de llega cierto punto en el que yo… Bueno, obviamente, la taquicardia comienza de inmediato, aunque, ahora que hablo con usted, sé que es un poco improbable que esa taquicardia me venga… Bueno.

T: Déjalo, depende de lo que uno tiene; todo lo que se cree, de hecho, existe, ¿vale?

P: Sí. Pero se crea en mí una sensación… Siento un malestar que sube desde el estómago, se extiende por todo mi cuerpo; es como si sintiera y viera de un modo poco atenuado y, claro, esto me molesta, porque los oídos comienzan a zumbarme un poco, me da miedo desmayarme; también la luz en el atril, sobre las notas, se vuelve más cegadora. Yo interpreto todo esto como síntomas de desmayo. Luego me da el temblor, me pongo roja... Obviamente, es el calor, el sudor...

T: Perfecto; en ese punto dices: «Ahora me desmayo».

P: Digo: «Ahora me estoy desmayando, me estoy desmayando, me estoy desmayando».

T: Vale, y fuera de la actuación con el violín, si no he entendido mal, no hay otras situaciones en las que te suceda algo similar; ¿o las hay?

P: Últimamente me están sucediendo.

T: ¿Dónde? ¿En qué contextos?

P: Sobre todo cuando hay gente...

T: Mmm, ¿gente que te observa?

P: Que me observa. O cuando estoy en el supermercado, o en un restaurante; siempre que hay algunas personas, tiendo a aislarme, aunque estoy esforzándome para no hacerlo, porque sé que sería un error y... me viene, me viene un poquito, ¡pero nunca como en el teatro o en el escenario!

T: Bien; así que dijiste: «Yo aguanto y me resisto a la tentación de huir», y por eso siempre participas en conciertos, haces todas tus cosas; muy bien, ¡perfecto!

P: Lo hago también porque, obviamente, lo necesito...

T: Bueno, ¡me parece evidente! Sientes que llega el miedo de desmayarte, pero ¿alguna vez te has desmayado?

P: No, no me he desmayado en mi vida. *(Risas)*. ¿Puedo contarle un episodio?

T: Claro, incluso dos.

P: Nunca me he desmayado, pero hace dos o tres años, mientras estábamos tocando, mi colega sí que se desmayó en el escenario. *(Risas)*.

T: ¡Ah, ah!, entonces viste cómo se caía.

P: Escuché «¡bum!».

T: «¡Bum!»… Y ahí pensaste: «Me podría suceder a mí también», ¿verdad?

P: Absolutamente. Como es obvio, el concierto se detuvo; llamaron a un médico en la sala; bueno, el músico se levantó, salió del escenario y evidentemente se recuperó.

T: Pero cuando te llega esa sensación de «oh, Dios, me desmayo, me desmayo», ¿qué haces en ese momento?, ¿cómo reaccionas? ¿Qué haces? ¿Luchas contra ello o dejas que suceda?

P: Intento luchar contra ello.

T: ¿De qué manera?

P: Bueno…, empiezo a estirarme un poco porque pienso que, tal vez, al estirarme el oxígeno llegará mejor a mi cerebro. O empiezo a respirar profundamente, aunque es obvio que a veces no puedo porque mientras estoy tocando debo mirar al director y a la partitura y mover las manos… ¿Y qué más? Empiezo a tragar, aunque tengo la garganta y la boca muy secas. Así que empiezo a moverme un poco, en especial las piernas, porque al principio siento una suerte de molestia física… Todas esas cosas.

T: De acuerdo, ¡queda claro qué haces para tener el problema! Así que debo explicarte una pequeña cosa tan simple que solo los seres humanos complejos logran complicarla. Si tengo miedo de desmayarme, entonces tengo miedo de quedarme sin aire e inspiro. Lo que sucede es que provoco un cortocircuito respiratorio, una disnea, porque para poder inspirar primero necesito haber espirado. ¿Lo sabes, verdad?

P: Sí.

T: Pero si tengo miedo, trago aire, y al tragar aire creo un efecto por el cual llega la taquicardia; la respiración se vuelve agitada y me mareo. *(Pronuncia esta frase muy lentamente)*. ¿De acuerdo? Pero, por lo general, quienes tienen miedo de desmayarse han convertido esto en algo compulsivo, no lo piensan y se desmayan. Así que tenemos que cambiar el guion. ¿Sí?

P: Entonces, si no me he desmayado, ¿ha sido una cuestión de suerte?

T: ¡Bravo! Significa que funcionas muy bien desde el punto de vista cardiovascular. ¡Significa que tienes un organismo que funciona! Bien, perfecto; ahora invertiremos el juego. No será fácil, porque el mecanismo es simple, pero la estructura «juego-perverso» es compleja. Porque cuando uno lo hace durante mucho tiempo, se activa sin pensar.

P: Funciona de forma automática.

T: Exacto. Entonces tendrás que hacer un ejercicio sugestivo, muy particular. Después de todo, vosotros, los músicos, si os pido que hagáis ejercicios, os divertís, basta con estudiar, ¿verdad?

P: Absolutamente.

T: ¿Cuántos años tienes?

P: Treinta y tres.

T: ¡Mmm! Es una edad terrible, ¿eh?

P: ¿Ah, sí?

T: Han muerto muchos importantes, ¿no? *(Risas)*.

P: Mozart, por ejemplo.

T: San Agustín y Pascal se convirtieron a los 33 años, así que es la edad adecuada para el cambio. Ahora imagina ante ti tu próxima tarta de cumpleaños: serán treinta y cuatro velas; una buena tarta. Imagina que tienes que apagarlas… Apágalas… Sopla.

P: *(Sopla)*.

T: ¿Cuántas has apagado?

P: La mitad, quizás…

T: ¡Hazlo de nuevo!

P: *(Sopla más fuerte).*

T: Ves, solo has apagado diez. Y ¿por qué? Dado que te concentras de nuevo en tomar aire y todo se bloquea aquí *(apunto a la mitad del estómago)*, cuando soplas tienes una espiración muy corta. Ahora inspira ligeramente y sopla con todas tus fuerzas.

P: *(Sopla más tiempo).*

T: ¡Oh! Dura el doble, ahora intenta soplar sin inspirar.

P: *(Sopla aún más tiempo).*

T: ¿Ves? Dura aún más, porque primero debemos vaciar los pulmones para luego llenarlos. ¿Sabes nadar?

P: Sí.

T: Y cuando nadas, ¿qué haces? Soplas bajo el agua para poder tomar aire.

P: Sí, aunque no bajo muy profundo. *(Risita).*

T: Si mantienes la cabeza bajo el agua, debes soplar; de lo contrario, tragas agua. Lo mismo ocurre si usas botellas de buceo: sabes que lo primero que te enseñan es que tan pronto como coges la boquilla, debes soplar, no inspirar. De lo contrario, no se establece conexión entre la botella y el pulmón. Quiero que cada tres horas, y obviamente cuando no estés tocando, intentes apagar tus velas cinco veces.

P: Cada tres horas, cinco veces.

T: A las 9, 12, 15, 18, 21… o cada cuatro horas… Imagina la tarta, no tomes aire, sin inspirar *(le muestro cómo hacerlo)*; luego respira, espera un momento y después *(sopla de nuevo)* el mayor tiempo posible. Debes sentir que se vacía la parte inferior de tus pulmones. ¿Te parece? Este es el ejercicio que debes hacer durante dos semanas.

P: ¿Eso es todo? ¿Es difícil?

T: *(La mira con seriedad).* Quien tiene prisa, se retrasa, ¿sabes? ¡Bien! Cuando practiques con el violín en casa, experimenta y, de vez en cuando, mientras tocas, sopla. Verás que tocas incluso mejor. ¿De acuerdo? Nos vemos dentro de dos semanas. Tú eres de las que tienden a hacer demasiado; hay que mandarte solo lo que necesitas. Nada de excesos, sino la regla más antigua de todas: lo que sea suficiente. ¿Vale?

P: Adiós, ha sido un placer.

Segunda sesión

T: ¿Cómo ha ido todo?

P: Debo decir que… ¡Mucho mejor! *(Risas).*

T: ¡Guau! ¿Qué significa eso?

P: Significa que al día siguiente ya salí a comer fuera. Y pensar que normalmente odio a la gente, el bullicio… Pero estaba tan tranquila, como si estos ejercicios me dieran serenidad y seguridad. *(Ríe).* Debo decir que la vida diaria ha mejorado mucho, muchísimo.

T: ¿Quieres hacernos creer que somos magos?

P: *(Ríe).* También debo decir que no he tenido grandes conciertos; tan solo muchos ensayos y dos actuaciones. Sin embargo, los ensayos han ido muy bien. Últimamente tenía problemas con ellos. El primer concierto transcurrió con normalidad. ¿Sabe? Sentía mucha curiosidad, como si esperara que en cualquier momento me fuera a suceder algo…

T: Es normal; es la prueba. El momento de «¡Venga; pongamos a prueba esto que me han dicho!».

P: Exacto. Esperaba, y aunque sentía miedo, nunca llegué a ese punto de máximo agobio, como me sucedía antes. Y esto ya en el primer concierto. En el segundo me hallaba un poco... Bueno... me sucedieron algunas cosas en los días anteriores. Tras diversas reuniones con colegas y algunos enfados presenté mi renuncia al consejo de la orquesta; por eso, en el segundo concierto ya no me sentía bien; llevaba dos o tres noches sin dormir... Estaba muy agitada. Así que solo hice la primera parte y luego, en la segunda, me fui a casa porque me sentía mal. En parte estaba estresada; no me sentía capaz, aunque debo decir que, en general, no es que el malestar haya desaparecido, pues lo noto, por ejemplo participando en los conciertos, solo que nunca llegué al pico máximo que me inhabilitaba, aunque seguía estando roja y sudaba, pero ya experimentaba una cierta tranquilidad. Sí, creo que es eso: algo de calma...

T: ¿Y esto sucede solo en la música o también en la vida diaria?

P: También a diario.

T: ¿Han pasado cosas que te hayan puesto contra las cuerdas esta semana?

P: Bueno, ayer sucedió algo, porque un colega mío se operó de un cáncer de garganta. Fui a visitarlo al hospital. Debo aclararle que no tengo una buena relación con los hospitales; estaba algo incómoda, aunque creo que era más por mi propio miedo... ya sabe. Luego, mi compañero dijo: «Venga, vamos a comer fuera»... Pero yo estaba contrariada. ¡No quería gente alrededor! Al final fui. De hecho, si le digo la verdad, en aquella reunión que tuve hace tres o cuatro días en el consejo dije cosas que nunca habría pensado que me atrevería a decir, porque también soy tímida, pero las dije sin pensar en las consecuencias... Fui bastante... *(Ríe)*.

T: ¡Guau! ¿Era una reunión particular?

P: Sí; formo parte del consejo de la orquesta filarmónica. Somos diez compañeros que nos reunimos de forma voluntaria. Cada mes discutimos acerca del rumbo y los aspectos artísticos. Sin embargo, yo no me sentía a gusto. Llevábamos varias reuniones en las que veía cosas que no funcionaban, normas que no se cumplían. Y como soy una persona de blanco o negro, no me van esas cosas poco claras. Así que expresé mi opinión y firmé mi renuncia.

T: Dijiste: «¡Hago música y no política!».

P: Exacto, y se acabó; además, es que no soy capaz...

T: Y ayer dijiste cosas que antes te habría costado decir. ¿Qué cosas?

P: Dije que no tengo confianza en ese consejo, que lo que está hecho a medida de las exigencias personales es una vergüenza, que la filarmónica la gestionamos nosotros y somos los primeros que debemos ser honestos y gestionar lo que tenemos de manera clara.

T: Entonces, ¡has sido una dama sin mácula en un reino lleno de caballeros con tacha!

P: Pero eran cosas que sentía. *(Ríe)*.

T: Bueno... ¡bravo, felicidades! ¡Me gusta!

P: ¡Gracias!

T: Entonces, al hacer nuestro ejercicio para desbloquear el cortocircuito conocido, ¿cuáles fueron las sensaciones?

P: La primera vez, cuando me mandó hacerlo aquí, le dije: «Me da vueltas la cabeza», en el sentido de que lo hice y me dije: «Madre mía: haré ejercicios que me van a reventar la cabeza», y luego dije: «Debo hacerlo; y basta». Salí, y pasadas tres horas tenía que volver a hacerlo y me hallaba en la calle, así que me detuve un momento, ya que me había quedado a dormir en Arezzo aquella noche. Me paré y comencé a soplar, como si tuviera mucha tensión en el estómago. Y me desinflé...

T: Te desinflaste, literalmente, del aire comprimido en la parte baja de tus pulmones, lo cual no es una sensación ilusoria, sino real.

P: ¿De verdad?

T: Claro, porque antes, al inspirar constantemente para tomar aire, no permitías que todo el que contenían tus pulmones saliera y lo comprimías en el fondo. Cuando hiciste el ejercicio, permitiste que ese aire saliera, por lo que ahora estás utilizando tus pulmones en toda su capacidad.

P: ¿Puedo decirle otra cosa? Apenas comencé a hacer los ejercicios, cuando respiraba e inspiraba me decía: «¿Pero se hará así?». Porque ya no estaba segura; es una cosa tonta, lo sé.

T: No estabas segura, claro... claro.

P: No estaba segura de cómo se respiraba.

T: Te habías condicionado tanto negativamente que confundías, como hacen casi todos, el modo correcto con el incorrecto.

P: De hecho, luego me monitoreaba también cuando estaba en el coche. Respiraba y decía: «Pero no, esta es una sensación extraña, nunca la había sentido». Luego presté mucha atención durante los ensayos de los conciertos para no hacer *(inspira)* así al tomar aire. Pasé dos semanas en las que cada vez que sentía deseo de inspirar me detenía de inmediato y hacía esto *(espira)*.

T: Bravo, bravo... Primero se sopla, luego se inspira; por eso hay que repetir el ejercicio. ¿Quién mejor que tú sabe que si no se practica, no se logra un objetivo?

P: Absolutamente, y ahora siento una sensación extraña en el estómago, como si sintiera todos mis órganos, ¡increíble!

T: Claro, antes no podías sentirlos, especialmente los bajos, porque había aire comprimido haciendo de cojín.

P: ¿De verdad? Estoy muy contenta.

T: ¡Lo creo! Hemos encontrado, como se dice, el mecanismo atascado, y como dos mecánicos lo hemos desbloqueado.

P: Sí.

T: Entonces, ahora simplemente tienes que continuar con el entrenamiento, pero en lugar de hacerlo cada tres horas, lo harás cada seis, esto es, tres veces: una por la mañana, una por la tarde y otra por la noche. Sin embargo, presta atención, y cada vez que sientas la necesidad de inspirar profundamente, sopla. Además, mi consejo es que, siempre que tengas que realizar algo exigente, antes de empezar, soples, es decir, que espires con fuerza, ¿de acuerdo?

P: Vale.

T: Esta es una técnica muy antigua. Los maestros orientales del arte de la guerra, pero también los occidentales, enseñaban que antes de un combate se debía expulsar todo el aire y, por tanto, espirar fuerte, para relajar todo el cuerpo y entrar en lo que, en otro tiempo, se conocía como el trance del guerrero. El trance del artista, el del atleta, son lo mismo. Vale. Nos vemos dentro de tres semanas y ya nos contarás.

P: *(Asiente).* ¡Muy bien! Gracias de nuevo, adiós.

Tercera sesión

T: ¿Cómo te ha ido?

P: Regreso esta noche a Milán después de una gira larguísima.

т: ¿Dónde has estado?

P: En Polonia, en Lituania, en Ámsterdam, en Roma… He hecho un buen periplo. Todos los días cogiendo el avión, que para mí siempre es una pesadilla. He afrontado todo muy, muy bien; me ha pasado escasas veces; en poquísimos conciertos se han repetido esos momentos. Por ejemplo, la otra noche toqué en el Arcimboldi de Milán; estaba muy agitada y, sin embargo, lo llevé a cabo, aunque con mucha dificultad.

т: Y ahí, ¿la sensación era la misma o era diferente de lo habitual?

P: Un poco diferente, porque esta vez empecé a no sentir las piernas, a notar un hormigueo en ellas, y, obviamente, ¿qué hice? Lo primero que me vino a la mente fue relacionar este síntoma con un desmayo. Aunque de la cintura para arriba me sentía bastante estable. Esto de las piernas…

т: ¿Tocas sentada o de pie?

P: Sentada.

т: Entonces, por el momento podemos dejar de lado las piernas.

P: Sí, sí, pero luego podría perder el equilibrio y «pum»…

т: Deja de lado las piernas. Es una especie de rebelión de la patología; se rebela contra el hecho de que la hemos acorralado. Como de aquí hacia arriba no puede hacer nada, va hacia abajo. Pero si lo piensas bien, también hay una explicación porque el ejercicio de la respiración te hace trabajar mucho en la parte superior, por lo que la inferior se relaja totalmente. Lo que tú has confundido con un hormigueo en las piernas es en realidad el efecto hipnótico del hecho de que te desconectas completamente: las piernas se relajan del todo y tú piensas que ya no las sientes, que no las tienes. La realidad es que están muy relajadas; por lo tanto, es un efecto positivo, no negativo.

P: ¿Ah, de verdad?

T: Sí, también te pasa porque no estás acostumbrada.

P: No lo estoy en absoluto. Debo tenerlo todo bajo control, cualquier movimiento.

T: En el momento en que quieres la máxima concentración en la parte superior, debes olvidarte de las piernas. Sería muy diferente si en vez de estar sentada estuvieras de pie. Pero si estás sentada, las piernas deben estar totalmente relajadas. Cuanto más relajadas estén, más concentrada estarás en la actividad de la parte superior, que es lo que necesitas, ¿verdad?

P: Debo decir que desde que acudo a consulta experimento una mejora cercana al 80 %.

T: ¡Eso nos gusta!

P: A mí también, muchísimo, pero ese malestar siempre está ahí. Por ejemplo, el otro día toqué en un concierto en una de las salas más importantes del mundo, en Ámsterdam, que es realmente de las más bellas y que tiene un escenario elevado… Para mí, tener a todo el público en frente era un gran problema. Sin embargo, di un concierto bellísimo… me dejé llevar, como no me sucedía desde hacía muchísimo tiempo, y estaba tan feliz tras la actuación… Pero al día siguiente ofrecí un concierto terrible, y de un momento a otro me dije: «Madre mía» (pensaba que lo tenía resuelto y, en cambio…).

T: Cuidado; cuidado con bajar la guardia, la puñalada llega cuando menos te lo esperas.

P: Exacto.

T: Nunca hay que fiarse de nuestra mente, sobre todo de la de las mujeres, que sois mucho más complejas que nosotros, que somos mucho más simples (yo siempre digo *descerebrados*). Como vosotras sois más complejas y complicadas, desconfiáis. Pensáis que siempre hay una trampa... Así que sientes que has mejorado en un 80 %, ¿verdad? Entonces evita preocuparte por la cuestión de las piernas. Ya sabes: significa que estás muy relajada en el tren inferior y más concentrada en el superior. Acéptalo. Es importante que la parte inferior se relaje más para permitir que la superior esté más concentrada. Entonces, lo que queremos es que un par de veces al día te entrenes apagando las velas y el resto lo uses solo cuando sea necesario, ¿OK? Así que, una vez por la mañana y otra por la tarde, y ya basta.

P: OK.

T: ¡Muy bien! Nos vemos en un mes.

P: ¿De verdad?

T: Sí, has reaccionado muy bien hasta ahora.

P: ¡Gracias de nuevo!

Cuarta sesión

T: ¿Cómo vas?

P: Pues muy bien y muy mal.

T: ¿Qué significa *muy mal*?

P: Que casi olvido hacer los ejercicios, y eso no está bien.

T: No, al contrario. Está muy bien, porque significa que lo estás interiorizando. El ejercicio se ha vuelto natural, espontáneo. El paso fundamental es que, una vez has provocado el cambio, después, a través del mismo, este se convierte en algo adquirido. Cambio, aprendizaje y adquisición reiterada, como cuando te aprendes una partitura a base de tocarla. ¿Acaso piensas en ella? Así debe ser. ¡Bien hecho! Ahora, cuéntanos algo de tu vida.

P: ¿Qué quiere que le cuente? Me siento otra persona... aunque en sentido positivo. Siempre he disfrutado la vida, he sido muy positiva, ¡pero el último año ha sido un desastre! Ahora estoy recuperando el ritmo de cuando era «pequeña», cuando tenía ese entusiasmo, ganas de hacer cosas, de salir, de vivir. En cierto sentido, está revolucionando mi existencia.

T: El entusiasmo juvenil que parecía perdido.

P: Sí, ¡me había convertido en una señora milanesa, toda elegante y formal! ¡Pero ahora me siento muy joven!

T: Bien, eso nos gusta mucho. Si hemos logrado provocar esto, estamos muy felices.

P: Sí, ¡yo también lo estoy! Todavía no me lo creo, porque tal vez sea demasiado; ha sucedido en el último mes, como si todo fuera un descubrimiento diario, ¿no? Ahora incluso soy yo quien propone salir, ir al mar, ir... cuando antes...

T: Muy, muy bien. ¡Bien hecho!

P: ¡Podría acostumbrarme!

T: Debes acostumbrarte a lo nuevo, ¡a eso que se conoce como «espíritu vital»! Había un filósofo francés, Bergson, que hablaba del *élan vital,* ese impulso que, al final, es lo que nos hace felices, porque sin él estamos muertos.

P: ¿Puedo contarle un pequeño episodio?

T: Incluso dos.

P: El otro día iba en bicicleta; llegaba tarde al trabajo y, mientras pedaleaba como una loca porque solo faltaban diez minutos... de repente dejé de pensar en todo. En realidad, me sentía bien, incluso mientras corría. Me pregunté: «¿Cómo es posible que antes tuviera miedo de

desmayarme? Si pudiera desmayarme ahora, ¡sería feliz!».
En cierto momento me dije: «¡No es posible que pueda estar pensando algo así!».

T: Pensaste: «¿Qué me está pasando?».

P: Sí; eso me hizo pensar mucho: ¿es posible que un simple ejercicio me haga cambiar radicalmente el modo de pensar?

T: Esto es algo muy importante. La respuesta es que sabes que las cosas más complejas se gestionan con técnicas aparentemente simples. Porque detrás de la estratagema de «apagar el fuego añadiendo leña» hay mucha complejidad, mucho estudio respecto a cómo cada uno de nosotros intenta gestionar sus propios miedos y temores. En el momento en que aprendes a revertir completamente tu reacción y cambias la percepción, está claro que cambia el mundo, porque se modifica tu manera de percibir las cosas. Entonces, sabes lanzar la bola de nieve por la pendiente nevada, que rueda, rueda y rueda hasta que se transforma en avalancha. Es el *efecto mariposa* de las teorías de las catástrofes: el aleteo de una mariposa aquí desencadena huracanes en otros lugares. El verdadero arte de la terapia debería ser ese: que se pueda lograr hacer lo máximo haciendo lo mínimo. Contigo lo hemos logrado y estamos contentos. Has sido muy valiente.

P: ¡Pero yo no he hecho nada!

T: Sí que lo has hecho. Has sido, como todos los músicos, muy ordenada, precisa y rigurosa. Por eso me gusta trabajar con los músicos. ¡Deberías ver qué poco observadores y qué poco implicados están los otros pacientes!

P: ¿De verdad?

T: Muchos no tienen sentido de la disciplina. Y el ejercicio precisamente es eso: disciplina.

P: De hecho, ¡yo experimentaba algo de miedo cuando venía y tenía que decirle que se me había olvidado hacer los ejercicios!

T: ¿Ves? En cambio no pasaba nada.

P: Porque para mí es un contrasentido.

T: El tuyo es un nivel superior de aprendizaje. Cuando este se convierte en una capacidad adquirida, se produce un salto y se vuelve espontáneo, en una adquisición. Por eso estoy tan contento. ¡Muy bien hecho! ¿Cuánto tiempo ha pasado desde la última vez que nos vimos?

P: Un mes y diez días.

T: Nos veremos dentro de dos meses.

P: ¿De verdad?

T: Y añadiré un mes cada vez. Te controlaré a largo plazo, hasta que todo esté realmente consolidado. ¿Te parece? ¡Hasta dentro de dos meses entonces!

A la ahora expaciente la vimos otras tres veces en los habituales encuentros de seguimiento, en los que ha mostrado la recuperación total de la naturalidad y la completa extinción del miedo patológico. Lamentablemente para mí, ¡aún no he logrado escucharla en un concierto!

4. Hiperventilación y disnea: diagnóstico e indicaciones médicas y fisioterapéuticas

SIMONA MILANESE y SABINO DE BARI

4.1. El diagnóstico médico de la disnea
Simona Milanese

> «El tratamiento de la enfermedad puede
> ser completamente impersonal,
> pero el cuidado del paciente debe ser
> totalmente personal».
> F. W. PEABODY

Mario no puede dormir; da vueltas y más vueltas en la cama; siente que algo va mal: en la habitación escasea el aire, su respiración es entrecortada, como si acabara de correr. Intenta inspirar profundamente un par de veces, pero no puede recuperar el aliento. Se levanta preocupado, da unos pasos hacia delante y hacia atrás, abre la ventana, respira profundamente el aire de la noche e intenta calmarse, pero el malestar aumenta de nuevo; siente un peso en el pecho y la cabeza le da vueltas. Mario tiene miedo; tal vez sea un infarto, así que despierta alarmado a su mujer: «Luisa, despierta. Estoy mal, no puedo respirar, ayúdame».

El término médico *disnea* procede del griego *dýspnoia,* que significa «dificultad respiratoria». Es esa sensación de falta de aliento, dificultad para respirar, de falta de aire que todos hemos experimentado alguna vez en la vida después de correr o de realizar un esfuerzo físico.

Como también subraya la American Thoracic Society, la disnea es una experiencia «subjetiva» de molestia respiratoria caracterizada por sensaciones «variables tanto en calidad como en intensidad»: desde un leve ahogo hasta la aterradora sensación de asfixia. Quien la padece la define de diferentes maneras: «Me siento oprimido», «me falta el aire», «siento que me ahogo», «tengo la sensación de que me falta el aire», «siento opresión en el pecho»… son algunas de las expresiones más utilizadas.

Precisamente por su variabilidad y subjetividad, es difícilmente evaluable por el médico: leves dificultades para respirar pueden resultar extremadamente alarmantes para quienes las padecen, mientras que dificultades más graves podrían ser toleradas con mayor facilidad. Como dijo Albert Einstein: «No todo lo que cuenta se puede medir, y no todo lo que se puede medir cuenta». Y, en cualquier caso, más allá de la dificultad de definirla y medirla, la disnea es un síntoma tan importante como frecuente.

Está presente en cerca del 4 % de los pacientes que acuden a urgencias,[1] en el 16 % de los pacientes hospita-

---

1 Causada en el 75 % de los casos por problemas cardiopulmonares.

lizados (Stevens *et al.*, 2018), en el 95 % de los pacientes con enfermedades pulmonares avanzadas, en el 70-80 % de los pacientes con tumores avanzados y, de forma más general, en el 50-75 % de los pacientes con enfermedades progresivas; también se halla presente en los niños, con picos en la adolescencia. Es más frecuente en las mujeres y en personas con baja forma física debido a la inmovilidad forzada o a un estilo de vida sedentario.

Es probable que siga aumentando tras la pandemia de coronavirus: un cierto porcentaje de personas, especialmente mujeres jóvenes, con corazones sanos, tras formas leves de covid, siguen teniendo dificultades respiratorias persistentes, incluso varios meses después de la curación.[2] Estas formas no están relacionadas con daños cardíacos o respiratorios virales.

Si la disnea aparece rápidamente, como, por ejemplo, después de un esfuerzo físico, en las crisis de asma[3] o en los ataques de pánico, se denomina «aguda»; si es prolongada y persistente, como en el caso de las enfermedades cardíacas o pulmonares, se denomina «crónica». En estas circunstancias, sin embargo, son habituales los empeoramientos temporales o las exacerbaciones, como cuando una persona con enfisema contrae neumonía, lo que añade una carga adicional de trabajo a sus pulmones ya debilitados.

2 Se trata del denominado *covid persistente,* que es diferente de las formas graves de la enfermedad, las cuales afectan principalmente a los varones, las personas mayores de 65 años y a los pacientes con enfermedades cardíacas, y están relacionadas con daños en los órganos.

3 El asma es una dificultad respiratoria causada por el atrapamiento del aire en los pulmones debido a contracciones temporales de los bronquiolos, conocida como broncoespasmo.

Cuando la disnea tiene una causa médica, se denomina «orgánica», y es muy frecuente en las enfermedades pulmonares (asma, embolia pulmonar, EPOC,[4] neumonía, enfermedades intersticiales) y cardíacas (infarto, arritmias, descompensación), pero también aparece en enfermedades neurodegenerativas (esclerosis múltiple, esclerosis lateral amiotrófica), en ciertos cánceres, en personas gravemente obesas o en situación de inactividad prolongada. En estos casos, tiene una gran importancia pronóstica, es decir, su grado es un indicador fiable de la gravedad de la enfermedad subyacente.

Cuando la disnea no tiene ninguna explicación médica, se denomina «psicógena» porque se supone que su origen es psicológico (también denominada MUD o *Medically Unexplained Dyspnea*). Es frecuente en muchos trastornos o malestares psicológicos, sobre todo en los de ansiedad, los ataques de pánico, el trastorno por estrés postraumático (TEPT), el trastorno obsesivo-compulsivo (TOC) relacionado con la respiración, el trastorno de conversión (crisis histéricas), la depresión y el estrés emocional intenso. Además, es más común en las mujeres.

También existen síndromes por superposición, en los que a la disnea puramente psicógena se añade el componente orgánico del broncoespasmo, dando lugar a una crisis asmática.

A pesar de ser tan frecuente e importante, el mecanismo exacto de la disnea no se conoce del todo: es un

---

4 EPOC hace referencia a la enfermedad pulmonar obstructiva crónica (en italiano BPCO, siglas de *Bronco Pneumopatia Cronica Ostruttiva),* que incluye el enfisema pulmonar y la bronquitis crónica.

fenómeno complejo probablemente vinculado con diferentes mecanismos. Esta multiplicidad de causas y presentaciones clínicas complica el diagnóstico y el tratamiento, generando así una inmensa carga de sufrimiento para los pacientes y sus familias, así como un enorme coste para los sistemas sanitarios.

4.1.1. *Respirar demasiado es perjudicial*

Mario está en la ambulancia: le han puesto una mascarilla de oxígeno y le han levantado la cabeza para ayudarlo a respirar mejor, pero todavía le falta el aliento. Por suerte, los primeros controles realizados por los paramédicos son normales, y lo están trasladando al hospital, donde, sin duda, podrán ayudarlo.

Mario está convencido de que no puede respirar, pero su verdadero problema es que está respirando demasiado. La respiración es un proceso complejo que requiere el funcionamiento correcto y coordinado de muchos órganos y estructuras, y que está regulado con gran precisión.

Los principales sensores de una respiración adecuada son las células nerviosas dispersas en los vasos sanguíneos, en las vías respiratorias y en los pulmones (quimiorreceptores) que controlan continuamente los niveles de gases respiratorios (oxígeno = O_2 y dióxido de carbono = CO_2),[5] informando de inmediato a las áreas cerebrales encargadas de regular la respiración. Cuando corremos para coger el

5 También existen otros sensores, llamados mecanorreceptores, en la pared torácica y en los músculos respiratorios, encargados de monitorear su movimiento correcto.

autobús, o en el parque con los amigos, los latidos del corazón y la respiración se aceleran para enviar más sangre a los músculos de las piernas, produciendo las conocidas sensaciones de «corazón en la garganta» y «falta de aire».

Contrariamente a lo que se suele creer, lo que da la señal al cerebro para que aumente la respiración no es tanto la demanda de oxígeno por parte de los músculos, sino el aumento de CO_2 producido por los que están activos. En otras palabras, el CO_2 es el principal regulador de la respiración.

Por desgracia, el estilo de vida moderno, junto con los errores dietéticos, el sedentarismo y la pérdida de los biorritmos naturales, tanto los diarios como los estacionales, también han alterado nuestra respiración: comemos demasiado y respiramos demasiado. Hacemos muchas respiraciones superficiales, principalmente torácicas, cuando deberíamos hacer menos y más profundas, utilizando la respiración abdominal. Esta respiración incorrecta no influye demasiado en la entrada del oxígeno, pero elimina mucho dióxido de carbono, manteniendo su nivel en la sangre por debajo de los límites normales. Cualquier ulterior aumento de la respiración (hiperventilación) puede, por tanto, hacer descender estos niveles por debajo de lo normal (hipocapnia).

Podemos hiperventilar por varias razones, pero las más comunes son ciertamente el miedo y la ansiedad. Ya sea al enfrentarse a una prueba difícil, como un examen en la universidad o una entrevista de trabajo, o al experimentar falta de aliento debido a una enfermedad pulmonar, la percepción del peligro activa el miedo y la reacción ansiosa.

La estrategia seleccionada por la madre naturaleza para hacer frente a los peligros es la llamada «respuesta de lucha o huida» *(fight or flight response)*: para ser capaces de huir rápidamente o de luchar contra el adversario, aumentamos la circulación y la respiración. Esta reacción, perfectamente apropiada cuando los principales peligros eran los depredadores, hoy en día suele ser inapropiada: para aprobar un examen universitario no es útil huir del aula, y menos sentido aún tiene atacar al profesor.

Otras causas de hiperventilación pueden ser las emociones intensas, la risa prolongada, ciertos medicamentos, la anestesia general o la mala regulación de los receptores de CO_2, que, como un termostato mal regulado, desencadenan una hiperventilación inapropiada (teoría de la falsa alarma de asfixia).

Sea cual sea su causa, la hiperventilación reduce la cantidad de CO_2 en la sangre, lo que a su vez provoca una disminución del flujo de esta al cerebro, una mayor excitabilidad de las células nerviosas (Jerath y Beveridge, 2020) y, en algunos casos, también broncoespasmos. Esto puede dar lugar a síntomas como disnea, dolor torácico, hormigueo en los dedos y alrededor de la boca (parestesias), espasmos en los dedos (tetania periférica), mareos, aturdimiento, vértigos, sensación de frío, sensación de desmayo (presíncope) o desmayo completo (síncope), sensación de peso en el pecho, etcétera.

Tales síntomas alarman a la persona, que puede tener miedo a morir o a perder el control de la mente o del cuerpo (desmayarse, enrojecer, volverse loca). La reacción ansiosa provoca una ulterior hiperventilación y una disminución adicional del CO_2, perpetuando así el círculo vicioso que, a veces, puede culminar en un ataque de pánico evidente. De hecho, algunos estudios han demostrado que la hiperventilación voluntaria puede desencadenar crisis de pánico, especialmente en personas que sufren este trastorno (Nardi *et al.*, 1999, 2000).

El síndrome de hiperventilación aguda asociado a los ataques de pánico tiene una presentación típica: aunque el cuadro clínico es evidente, con el paciente agitado, ansioso, en estado de sufrimiento, con respiración rápida y altos signos de estrés, los exámenes resultan normales. A pesar de que la hiperventilación y el pánico suelen estar relacionados, son en realidad dos afecciones distintas: puede haber síndrome de hiperventilación sin ataques de pánico, y ataques de pánico sin hiperventilación[6] (Dratcu, 2000).

También existe la hiperventilación crónica, más frecuente y mucho menos evidente: los pacientes suspiran con frecuencia y presentan síntomas inespecíficos (dolor torácico atípico, astenia, disnea leve o intolerancia al ejercicio), a menudo enmarcados en contextos de estrés emocional o trastornos de ansiedad (Tavel, 2021). Puede asociarse con otros trastornos, como el TOC, con «suspiros compulsivos», o con muchos de los llamados «trastornos psicosomáticos».

El proceso «hiperventilación-miedo-ulterior hiperventilación» puede manifestarse tanto en personas sanas, generando una disnea puramente psicógena, como en personas enfermas, añadiendo un componente psicógeno a la enfermedad orgánica.

---

6 Aproximadamente la mitad de los pacientes con trastorno de pánico sufre de hiperventilación, y una cuarta parte de los mismos con síndrome de hiperventilación tiene crisis de pánico.

4.1.2. *Diagnóstico*

Sandra acaba de comenzar su turno cuando Mario llega a urgencias: «Disnea aguda», informan los paramédicos.

Sandra se encuentra frente a un hombre de unos cincuenta años, con ligero sobrepeso y claramente asustado; respira rápida y superficialmente, tiene sudor en la frente, las manos frías y los ojos abiertos como platos por el miedo. Tras él llega corriendo su esposa, alterada: «Siempre ha estado bien; no sé qué está pasando, por favor, ¡ayúdenlo!».

Sandra actúa de inmediato: la disnea, especialmente la aguda, es alarmante tanto para el paciente como para el médico, quien debe evaluar con rapidez los cuadros clínicos más urgentes para tratarlos de inmediato. Sandra sabe que debe considerar una amplia variedad de posibilidades, desde la más benigna, como una crisis de ansiedad que, aun cuando resulte aterradora, no es particularmente peligrosa, hasta aquellas que requieren una intervención inmediata, como una crisis asmática severa, un infarto grave, la inhalación de un cuerpo extraño o una intoxicación por monóxido de carbono.

De inmediato busca las clásicas señales de alarma, es decir, los indicadores de que la respiración está gravemente comprometida: somnolencia o confusión, uso de los músculos respiratorios accesorios,[7] cianosis,[8] disminución del nivel de conciencia, hinchazón del rostro y de la lengua (angioedema).

7 Los músculos respiratorios denominados «accesorios» se activan cuando hay un bloqueo importante en la respiración.

8 La cianosis se define como una coloración azulada de la piel que indica una escasa oxigenación de los tejidos.

Por suerte, Mario no presenta ninguno de estos síntomas, y la oximetría[9] muestra niveles de oxígeno normales. Sandra deja escapar un primer suspiro de alivio.

Pero la alarma no ha cesado aún: debe examinar todas las causas principales de disnea orgánica, investigarlas y, si es necesario, tratarlas. Única y exclusivamente si todas están ausentes, podrá concluir que se trata de una disnea psicógena.

Sandra conoce los indicadores clínicos de la disnea psicógena: ausencia de disnea durante el sueño, aparición frecuente en reposo; generalmente descrita como una «sensación de falta de aire», acompañada de síntomas poco específicos; pacientes jóvenes, sin enfermedades cardiopulmonares, niveles normales de oxígeno durante los síntomas, y ausencia de signos de otras enfermedades (Sahasrabudhe, 2013).

Sandra sabe también que, con independencia de la presentación clínica, el diagnóstico de disnea psicógena es siempre un diagnóstico de exclusión. Dado que no existe ninguna prueba que confirme de manera definitiva el origen psicológico de la disnea, incluso en pacientes con trastornos de ansiedad, con disnea psicógena o con antecedentes de episodios similares, es oportuno excluir las demás causas.

Una vez descartados los peligros inmediatos para la vida, Sandra comienza a investigar detalladamente tanto la historia del trastorno como el historial médico de Mario. La información más importante es determinar si la disnea

---

9 La oximetría o pulsioximetría es la medición no invasiva de la concentración de oxígeno en la sangre mediante un pequeño dispositivo, el oxímetro de pulso (o pulsioxímetro), que generalmente se aplica en el dedo.

apareció de manera repentina o gradual. La disnea aguda, es decir, de inicio repentino, es más urgente que la de inicio lento, ya que es un fenómeno de evolución rápida que podría resolverse completamente, pero también empeorar con rapidez.

Sandra debe, por tanto, descartar las causas orgánicas más comunes de la disnea: ictus, embolia pulmonar, infarto, crisis alérgica y asma. Le pregunta a Mario cuánto tiempo lleva con la disnea, cuán grave es, qué la desencadenó; si ha tenido episodios similares antes y cuál fue la causa; si presenta otros síntomas, como dolor en el tórax, hinchazón en las piernas, tos, catarro, fiebre, dificultad para tragar, congestión nasal, picazón en los ojos; si padece alguna enfermedad, especialmente cardíaca o pulmonar; si toma medicamentos y cuáles; si fuma, si ha estado expuesto a gases, humos o amianto.

Una vez finalizada la investigación clínica, lo examina minuciosamente, centrándose en el corazón y en los pulmones, pero sin excluir la nariz, la garganta, los brazos, las piernas y el estado general. Evalúa también los parámetros vitales, como la temperatura, la frecuencia cardíaca y respiratoria, y la presión arterial.

Por fortuna, la exploración física de Mario es normal: el corazón y los pulmones se encuentran en buen estado, la presión arterial es ligeramente alta, como sucede a menudo en los estados de ansiedad, y no presenta fiebre ni tos. Además, la recopilación de información no revela enfermedades orgánicas evidentes. Sandra se siente aliviada, pensando que podría tratarse solo de ansiedad, y lo envía a realizar pruebas de control.

Mario es sometido a los llamados exámenes de «primer nivel»: un electrocardiograma (ECG), análisis de rutina y una radiografía de tórax. También se realiza un ecocardiograma y una gasometría arterial.[10] Todos los resultados son normales.

Sandra respira algo más aliviada y se dedica a otros pacientes que siguen llegando. Piensa: «Quizá solo sea ansiedad. Lo mantendremos en observación». Sabe que, en caso de duda persistente, dispone de una batería de exámenes de «segundo nivel»,[11] más detallados, aunque probablemente no serán necesarios en este caso. Mario se siente también aliviado, y la dificultad para respirar casi ha desaparecido por completo.

4.1.3. *Una circularidad compleja*

Sandra ha tenido un turno particularmente estresante: ha atendido a dos víctimas de un accidente de tráfico, a una mujer mayor con disnea grave y probable covid, además de la habitual procesión de personas con dolores de cabeza, hipertensión u otros problemas menores. Ha dejado a Mario bajo el cuidado de las enfermeras después de haber visto que respiraba con normalidad. Ahora, tras comprobar nuevamente que los resultados de las pruebas son normales, ha llegado el momento de darle el alta: «Ha sido solo un ataque de pánico», le dice. «No se preocupe, no tiene nada. Tome estos calmantes y, si le vuelve a ocurrir, acuda a un psicólogo. Y trate de no estresarse demasiado, que es malo para su salud».

---

10 Análisis de oxígeno y dióxido de carbono en la sangre obtenido mediante la punción de una arteria, generalmente en la muñeca.

11 Medición del dímero D, gammagrafía ventilatoria/perfusional, angio-TC y pruebas completas de función respiratoria.

Mario está afectado todavía por la mala experiencia. Vuelve a casa aliviado, pero también inquieto: si no tiene nada, ¿cómo podrá evitar que le vuelva a pasar? ¿Qué le está ocurriendo? ¿Es posible que no haya un remedio, una curación? Sujeta con fuerza la receta de los calmantes, como si fuera un talismán, pensando: «Esperemos que no vuelva a pasar nunca más», pero ya sabe que, de ahora en adelante, le resultará muy difícil irse a la cama tranquilo.

La relación entre la disnea y la ansiedad-pánico es tan estrecha que el intento de distinguirlas recuerda al dilema de si fue primero el huevo o la gallina. La disnea causa ansiedad, la cual la empeora, y esta a su vez hace aumentar la ansiedad, y así sucesivamente, en una espiral infernal. Esto no debería sorprendernos, ya que es sabido que todas las experiencias humanas, incluida la disnea, no siguen una causalidad lineal, sino circular, y son el resultado de una interacción continua entre percepción, emoción, reacción y conocimiento.

Imaginemos, por ejemplo, que nos dirigimos a la sala de reuniones para presentar los resultados de nuestro proyecto al consejo de administración. Mientras caminamos, nos vemos asaltados por mil temores: miedo a ruborizarnos, a olvidar detalles importantes, a exponer de manera confusa, e incluso el temor a que el proyecto no sea renovado.

La percepción de tener que afrontar una prueba difícil activa el miedo y, como está previsto por la evolución, nuestro organismo se prepara para la habitual, y a menudo inútil, reacción de lucha o huida. Somos conscientes de que la ansiedad no nos ayuda; al contrario, puede confundir aún más nuestras ideas, e intentamos calmarnos: vamos al baño, nos refrescamos la cara, pero no somos capaces de recordar cómo, en la última presentación, olvidamos datos importantes y recibimos una reprimenda del jefe. Seguimos hiperventilando y, como consecuencia, sentimos mareo e incluso tenemos miedo de desmayarnos. Entramos en la sala de reuniones al borde de una crisis de pánico.

En este ejemplo, como en otros, la emoción del miedo retroalimenta nuestra percepción, amplificando las sensaciones de alarma; nuestro conocimiento compara la situación actual con lo que podría suceder o con lo que ya ocurrió en el pasado, evaluando también nuestras estrategias de *coping*.[12] Pensar que no contamos con herramientas adecuadas para gestionar la situación tiene un efecto retroactivo sobre la emoción, aumentándola, y así sucesivamente, en una interacción circular continua, donde cada fenómeno es simultáneamente causa y efecto de otros fenómenos. Por ello, es poco útil, poco importante y, sobre todo, poco posible, tratar de separar causa y efecto o separar la ansiedad de la disnea: cuerpo y mente son una sola cosa y deben ser tratados como tales. Como afirmó el monje budista Thích Nhất Hạnh: «La respiración es el puente que conecta la vida con la consciencia, que une tu cuerpo con tus pensamientos».

Por consiguiente, la disnea no puede ser considerada como un simple «síntoma» de enfermedades orgánicas o de trastornos psicológicos. Es un fenómeno multidimensional que abarca dos dimensiones distintas pero estrechamente entrelazadas: una sensorial-perceptiva y otra emocional-cognitiva.

---

12 Las estrategias de *coping*, o de afrontamiento, son aquellas que percibimos como recursos para hacer frente a una situación difícil.

La dimensión emocional-cognitiva comprende, a su vez, tanto el miedo y la ansiedad inmediatos como el sufrimiento posterior, relacionado con la evaluación personal de la situación y de las posibilidades de *coping* o afrontamiento. Así, una persona que ha experimentado ataques de pánico con anterioridad y sabe que cuenta con herramientas útiles para manejarlos, puede tener una experiencia totalmente distinta de la de alguien que teme padecer una enfermedad grave o incluso morir.

Las dimensiones sensorial, perceptiva, emocional y cognitiva varían de manera independiente, lo que explica la enorme complejidad y variabilidad en la experiencia de la disnea (Peiffer, 2008).

Tanto si se trata de una disnea puramente psicógena como de un componente psicológico de una disnea orgánica, el enfoque del tratamiento debe ser completo y abordar todos sus componentes.

La multidimensionalidad y la complejidad de la disnea recuerdan en muchos aspectos el dolor crónico, un fenómeno que ha recibido mucha más atención por parte de la medicina actual. Tanto la disnea como el dolor son sensaciones internas, no medibles objetivamente; advierten de un peligro inminente; tienen un complejo componente emocional y cognitivo, y son difíciles de evaluar por el médico, lo que hace aún más difícil su tratamiento.

De manera similar al llamado «dolor total», término propuesto por Dame Cicely Saunders[13] en 1960, la «disnea total» abarca aspectos físicos, psicológicos, espirituales y sociales de la vida del paciente. Es tan frecuente como el dolor, pero mucho más resistente al tratamiento.

13 La fundadora de los cuidados paliativos.

En la disnea psicógena, el enfoque médico tradicional suele consistir en prescribir medicamentos, como ansiolíticos o antidepresivos, acompañados, en algunos casos, de asesoramiento especializado para tratar la ansiedad correspondiente. Además, es habitual decirle a estos pacientes que «no tienen nada», presuponiendo que no tienen enfermedades orgánicas y subestimando gravemente su sufrimiento, que puede derivar en un trastorno incapacitante.

En la disnea orgánica, la atención médica se centra casi del todo en la enfermedad subyacente, considerando secundarios y poco importantes los aspectos psicológicos, que, por el contrario, pueden tener un peso inmenso en la percepción de la disnea, descuidando de nuevo un componente fundamental del bienestar del paciente.

En ambos casos, el enfoque tradicional resulta incompleto: por un lado, los medicamentos, especialmente los ansiolíticos, tienen un efecto temporal, crean dependencia y adicción, y pueden tener efectos secundarios importantes; por otro, no se ha considerado el mecanismo subyacente en su globalidad.

Sobre todo en la disnea psicógena, pero también en la orgánica con un componente psicógeno, es fundamental una intervención psicológica que tenga en consideración tanto el tratamiento de la ansiedad y del posible ataque de pánico, como el componente sensorial-perceptivo de la respiración, actuando así de manera global sobre todo el proceso.

Tanto en la salud como en la enfermedad, la respiración y las emociones están profundamente interrelacionadas. Como afirma el gurú de yoga indio Sri Ravi Shankar: «Toda emoción está conectada con la respiración.

Si cambias la respiración, cambias el ritmo y puedes cambiar la emoción».

4.2. Respirar bien para vivir bien
Sabino de Bari

«Sonríe, respira y procede lentamente».
THÍCH NHẤT HẠNH

A la edad de 40 años empecé a padecer asma. Al principio era un asma ocasional que, sin embargo, se agravó en el transcurso de dos años. Por las noches me despertaba en plena crisis y solo después de un par de horas lograba respirar con normalidad y volver a dormirme. Cada noche me acostaba con esta espada de Damocles sobre mí, y cada despertar era traumático, repentino y aterrador: era como si alguien me pusiera una bolsa en la cabeza, y la dificultad para lograr una inspiración satisfactoria resultaba agobiante.

Nunca he sufrido un ataque de pánico, gracias a las técnicas de respiración y meditación que he estudiado y practicado desde los 20 años de edad. Sin embargo, la sensación de ahogo, el miedo a no poder controlarlo alguna noche y la idea de morir asfixiado se apoderaron de mí, y empecé a usar broncodilatadores.

Una noche, mientras cenaba en Florencia con mi familia, comencé a sentirme mal. Había olvidado los medicamentos en casa, y aquella fue una de las peores noches de mi vida, una velada inolvidable. La idea de depender de un medicamento y de que mi vida estuviera condicionada por él no me tranquilizaba en absoluto. Por ello, a partir de ese momento decidí profundizar en el tema. Estudié todos los métodos alternativos a la medicina tradicional, ya que esta, además de hacerme dependiente, no estaba curando la enfermedad.

Probé diversos remedios de hierbas medicinales, homeopáticos y de la medicina tradicional china, pero debo decir que el verdadero cambio llegó al descubrir el método de reeducación respiratoria Buteyko. Con placer descubrí que esta técnica, ideada por el doctor Konstantin Buteyko a mediados de los años cincuenta, había curado a miles de pacientes con patologías respiratorias. Comencé a practicarla, combinándola con las diferentes técnicas respiratorias que ya conocía. Cada día realizaba ejercicios específicos para recuperar una respiración más funcional, y gracias a ellos modifiqué mi fisiología respiratoria, logrando una curación completa en aproximadamente seis meses. Desde entonces no he vuelto a utilizar medicamentos y he empezado a enseñar a mis pacientes la respiración funcional.

Como afirma Aristóteles en la *Ética a Nicómaco:* «Somos lo que hacemos repetidamente; por lo tanto, la excelencia no es un acto, sino un hábito». Si nos comprometemos a practicar de manera repetida, diaria y constante ejercicios de respiración adecuados, se establecerá un patrón respiratorio más funcional, lo cual mejorará nuestra salud.

4.2.1. *La respiración*

La respiración es la base de nuestra vida. Es un acto simple, automático, al que no prestamos atención. La damos por supuesta sin ser conscientes de que este acto fisiológico puede influir en nuestra mente y en nuestro estado emocional, y viceversa. De hecho, cuando es el estado emocional (ira, miedo, dolor, placer) el que influye en la respiración, a menudo nos encontramos en una situación de apnea, como cuando estamos bajo el agua. Sumergidos en el agua, sumergidos en las emociones, sumergidos en los pensamientos, todo se detiene.

El diafragma es el músculo respiratorio primario y se considera el músculo emocional por excelencia. Expresiones como: «Esa noticia me dejó sin aliento», «lloré tanto que se me cortó la respiración», «es el amor de mi vida y me quita el aliento», «tenía tanto miedo que dejé de respirar», nos dan una idea de hasta qué punto las emociones afectan a la respiración y de cómo pueden literalmente bloquearla. Cuando experimentamos emociones intensas, el diafragma tiende a contraerse y a quedarse «bloqueado». Existe una conexión estrecha entre la parte más antigua del cerebro, el paleoencéfalo, y el segundo músculo más importante del cuerpo humano: el diafragma (el primero es el músculo cardíaco).

Respirar es vivir y vivir es experimentar emociones. Cuando nos emocionamos, nuestro modo de respirar cambia, pero también podemos influir en nuestro estado emocional regulando nuestra respiración. Es un camino de doble sentido. A menudo, lo recorremos en una sola dirección porque no nos han educado para controlar la respiración, pero cuando logramos gestionar nuestros actos respiratorios, las emociones pueden suavizarse, atenuarse o, por el contrario, intensificarse.

En agosto de 1969, durante el Festival de Música y Arte de Woodstock, se enseñó a los participantes técnicas de respiración especiales que aumentaban tanto la ventilación que producían una sensación de gran placer similar al éxtasis. En aquel contexto se trataba de una alternativa al uso de estupefacientes. Por el contrario, algunas prácticas de respiración yóguica son tan lentas que casi hacen desaparecer el ritmo cardíaco y sedan por completo la mente. Podríamos decir que la respiración es la llave para liberarnos de las cadenas de las emociones mal gestionadas, amplificadas y distorsionadas por los momentos de crisis.

Cuando somos prisioneros de nuestras emociones o de pensamientos repetitivos, nuestra capacidad de reacción se reduce notablemente; vivimos en un *loop* paralizante causado por una ventilación incorrecta. En el mejor de los casos, este bloqueo es momentáneo. Sin embargo, con frecuencia llevamos en nuestro interior emociones negativas y pensamientos durante demasiado tiempo, y con ellos realizamos un proceso respiratorio incorrecto que, inevitablemente, afecta a nuestro organismo debido a la deficiente oxigenación que comporta. Cuando nuestros órganos no reciben suficiente oxígeno, sufren y pueden desarrollar enfermedades.

Los pilares de una buena respiración son fundamentalmente tres: un diafragma que funcione de forma óptima, la respiración nasal y una frecuencia y un volumen respiratorio correctos. Cada uno de estos pilares es importante y los tres deben ser salvaguardados.

En la escuela aprendemos muchas cosas, pero nadie nos enseña a respirar de manera correcta. ¿Realmente es tan poco importante respirar bien? Si respiras bien, vives bien. La memoria, la lucidez mental, la *performance,* la resistencia al cansancio, la fuerza y la coordinación son todas ellas funciones relacionadas con —y condicionadas por— tu modo de respirar. No es casualidad que todos los atletas de un cierto nivel realicen sesiones de entrenamiento prestando especial atención a su respiración.

Respiración y vida son lo mismo; son sinónimos, ya que no podemos vivir sin respirar y no podemos respirar sin vivir. De hecho, la función respiratoria cumple tres roles fundamentales para nuestra supervivencia: oxigenar los tejidos, eliminar el exceso de dióxido de carbono y ayudar a mantener el pH sanguíneo dentro del rango correcto (entre 7,34 y 7,45).

Respirar es un proceso automático, pero puede ser controlado por la voluntad o influido por diversos factores como el uso de medicamentos, la actividad deportiva, el embarazo, la temperatura exterior y, como hemos visto, nuestro estado emocional. Si prestamos atención a nuestro modo de respirar, si centramos la atención en el aire que entra y sale por la nariz, podemos ralentizarla notablemente.

La fisiología respiratoria nos enseña que la velocidad y la profundidad de la respiración están condicionadas por estímulos químicos. Por ejemplo, cuando corremos, las concentraciones de dióxido de carbono aumentan, y esta modificación química estimula el centro de la respiración (situado en el bulbo raquídeo), lo que incrementa la frecuencia respiratoria ¡dejándonos sin aliento! Algo similar ocurre en la alta montaña, donde la disminución del oxígeno en la sangre estimula el centro respiratorio.

4.2.2. *La importancia del dióxido de carbono*

Comúnmente se considera que el dióxido de carbono es solo un gas de desecho del metabolismo celular. Sin embargo, desempeña múltiples funciones desconocidas para la mayoría y, en las proporciones correctas, es indispensable para el organismo. Como señala el doctor Artour Rakhimov en su libro *Normal Breathing – The Key to Vital Health:* «El dióxido de carbono es, de hecho, un componente más fundamental para la supervivencia que el oxígeno».

Cuando la concentración de dióxido de carbono (CO_2) cae por debajo de 40 mmHg, se habla de *hipocapnia*. La hipocapnia provoca un aumento del pH sanguíneo y una reducción del calcio en la sangre *(hipocalcemia)*. El calcio es muy importante para nuestro organismo, y su disminución puede causar rigidez muscular, calambres y confusión mental. ¿Alguna vez has experimentado calambres nocturnos o fatiga tras un pequeño esfuerzo? La causa podría ser una carencia de calcio originada por una reducida concentración de dióxido de carbono.

Además, una concentración demasiado baja de dióxido de carbono es la causa de una respiración que aporta poco oxígeno y está en la base de síntomas que pueden aumentar el estado de ansiedad, el miedo y, por tanto, los ataques de pánico. Afirmar que gracias al CO_2 nos oxigenamos parece una paradoja, pero, como veremos en breve, no lo es.

A continuación se mencionan los principales beneficios que obtenemos gracias a la proporción correcta de dióxido de carbono:

— El *efecto Bohr*, descrito por el fisiólogo danés Christian Bohr en 1904. Simplificando, este efecto establece que la cantidad de oxígeno liberada en la sangre por la hemoglobina (proteína presente en los glóbulos rojos y encargada de transportar el oxígeno) está influida por la concentración de hidrógeno y dióxido de carbono.

Si vamos al supermercado a hacer la compra, necesitamos una cierta cantidad de dinero (CO_2) para adquirir los alimentos (oxígeno). Si tenemos poco dinero, compraremos menos productos y las comidas serán escasas. Esto significa que si el cuerpo tiene una baja concentración de dióxido de carbono, se liberará menos oxígeno y, por tanto, habrá menos oxígeno disponible para las células y los tejidos.

— *La estabilización nerviosa* se debe al efecto calmante o sedativo del monóxido de carbono en las células nerviosas. La falta de CO_2 en el cerebro provoca una estimulación espontánea de las neuronas, lo que repercute en el estado mental y psicológico, causando síntomas como nerviosismo, irritabilidad, insomnio, ansiedad, ataques de pánico. El doctor Brian Kern, médico del Departamento de Medicina de Urgencias en el Detroit Medical Center, escribe: «Los síntomas del sistema nervioso central (SNC) se presentan porque la hipocapnia provoca vasoconstricción en la arteria cerebral y una reducción del flujo sanguíneo cerebral (CBF). El CBF disminuye un 2 % por cada reducción de 1 mmHg en la presión parcial arterial del dióxido de carbono ($PaCO_2$)».

El oxígeno es el combustible de nuestras células. Aunque el cerebro constituye el 2 % de la masa corporal, consume el 25 % del oxígeno que respiramos. Cuando este se reduce, el cerebro se resiente de forma notable, y la poca lucidez mental puede tener consecuencias en nuestras percepciones y en nuestra capacidad de actuar. Esto nos hace estar más cansados, más agotados, más sensibles y más vulnerables tanto física como mentalmente.

Hasta ahora hemos visto la importancia del dióxido de carbono y las múltiples funciones que desempeña dentro del organismo. Veamos ahora qué ocurre cuando respiramos en exceso.

4.2.3. *La hiperventilación*

Normalmente realizamos entre 16 y 20 respiraciones por minuto. La cantidad correcta de respiraciones para no perder demasiado CO_2 estaría entre 12 y 16 respiraciones por minuto. Se habla de *bradipnea* cuando hay una ralentización de la frecuencia respiratoria por debajo de 12 respiraciones por minuto, y de *taquipnea* cuando el ritmo respiratorio se acelera por encima de 20 respiraciones por minuto. En cambio, la *disnea* es una respiración fatigosa, que a menudo es descrita por los pacientes como «hambre de aire». La hiperventilación es la aceleración del ritmo respiratorio *(taquipnea),* unida a la sensación de falta de aire *(disnea).* La respiración se vuelve acelerada y, al mismo tiempo, fatigosa.

Es necesaria una hora de respiración tranquila para recuperar el dióxido de carbono perdido en diez minutos de hiperventilación.

Más adelante describiré un test sencillo que te permitirá descubrir si estás hiperventilando o no.

La hiperventilación aguda fue descrita durante la Guerra Civil Americana (1861-1865) por médicos militares que, observando los efectos que tenía en los soldados el estrés a causa del combate, identificaron una serie de síntomas comunes como falta de aire, sensación de asfixia, confusión mental, aturdimiento, fatiga intensa, intolerancia al ejercicio físico, entumecimiento, parestesias y dolores torácicos.

Se acuñaron varios términos para describir este síndrome, entre ellos «corazón irritable», «corazón de soldado», «síndrome por esfuerzo» y «astenia neurocirculatoria». A principios del siglo XX, gracias a los estudios de Pavlov Werigo y Christian Bohr, se empezó a hablar del «síndrome de hiperventilación». Posteriormente se distinguió entre hiperventilación aguda (un ejemplo es la típica de los ataques de pánico) e hiperventilación crónica (un estado de hiperventilación menos intenso pero constante). En la década de 1950, los estudios del doctor Buteyko pusieron de manifiesto que la hiperventilación crónica está en la base de muchas patologías denominadas «idiopáticas» y de muchos estados inflamatorios del cuerpo.

En este contexto nos interesa principalmente la hiperventilación aguda, cuyos síntomas más frecuentes son: disnea, suspiros o bostezos frecuentes, aturdimiento, confusión mental, desorientación, debilidad, fatiga, insomnio, visión borrosa, sequedad bucal, dolores en el tórax, ansiedad, pánico, etcétera.

— *¿Cuándo hiperventilamos?* La hiperventilación es típica de las alergias respiratorias y de enfermedades como el asma, la embolia pulmonar, el infarto de miocardio, la enfermedad pulmonar obstructiva crónica (EPOC), la neumonía, la insuficiencia cardíaca. Excluyendo estas enfermedades, la hiperventilación es común en los momentos de estrés intenso, de miedo o en condiciones de presión parcial reducida de oxígeno, como en una altitud elevada o durante una actividad física intensa o leve, pero esto depende del nivel de entrenamiento. Algunas personas empiezan a hiperventilar después de subir tres escalones, mientras que otras más entrenadas no llegan nunca a la taquipnea.

— *Test para descubrir si estás hiperventilando.* El test, diseñado por el doctor Konstantin Buteyko, mide nuestra tolerancia al dióxido de carbono y, en consecuencia, la cantidad de CO_2 en la sangre. Se llama «Test de pausa de control» (PC).

Para realizar el test necesitarás un cronómetro:

1) Realiza una inspiración pequeña y tranquila seguida de una espiración calmada.
2) Tápate la nariz con los dedos.
3) Mantén esta posición hasta que sientas el estímulo de respirar.
4) Comprueba cuántos segundos han pasado.
5) Libera la nariz.
6) Retoma la respiración de manera calmada y lenta.

Importante. La apnea no debe ser una apnea máxima. No debes tratar de resistir lo más posible; ¡esto no es una competición! Tan pronto como sientas el deseo de respirar, el test concluye. Puedes realizarlo en cualquier momento, pero es más preciso si lo haces por la mañana, inmediatamente después de despertarte.

Compara tu tiempo con los valores de la tabla en la página 103, y conocerás las condiciones generales de salud de tu organismo. Prescindiendo de los resultados, ten presente que, con una reeducación respiratoria adecuada, puedes mejorar tu tiempo en la pausa de control (PC), tu modo de respirar y, por lo tanto, tu estado de salud.

PAUSA DE CONTROL	VALORES INDICATIVOS DE RESPIRACIÓN EXCESIVA	NIVEL DE CO_2 EN LOS ALVEOLOS PULMONARES Y EN LA SANGRE	CONDICIONES GENERALES DE SALUD DEL ORGANISMO
60	1	6,5 %	Óptimo
40	1,5	5,5 %	Normal
30	2	5,0 %	Insuficiente
20	3	4,5 %	Débil
15	4	4,0 %	Muy débil
10	5	3,5 %	Crítico

— *Ansiedad e hiperventilación*. Los estudios demuestran que la causa principal de la hiperventilación en ausencia de patologías específicas es la ansiedad. La ansiedad es una activación fisiológica que se desencadena en los momentos de miedo. Para nuestro sistema de defensa primitivo, el miedo es sinónimo de peligro. La activación del sistema nos prepara para huir o para luchar, y para hacerlo necesitamos captar la mayor cantidad de oxígeno posible y hacer que llegue velozmente al cerebro y a los músculos.

Si no existiera la ansiedad, no reaccionaríamos frente a los peligros de la vida. La ansiedad es la señal de que nuestro «guardián» está atento, vigilante y despierto. Es una señal positiva y esencial. Debemos estar agradecidos por este mecanismo, ya que gracias a él la especie humana ha sobrevivido a lo largo del tiempo. Obviamente, si la ansiedad se prolonga demasiado, se convierte en un mecanismo disfuncional. Una cosa es sentir un poco de ansiedad antes de un examen y otra muy distinta es experimentarla desde el momento en que conocemos la fecha hasta el día en que hacemos el examen. ¡Estar ansioso durante tanto tiempo se vuelve estresante!

Ahora intentaré describir con palabras sencillas lo que ocurre durante la activación de nuestro sistema de defensa. El estímulo externo —un susto, por ejemplo— produce en el organismo una secreción de adrenalina y noradrenalina. Esto provoca que el ritmo cardíaco aumente para bombear más sangre hacia los músculos, el cerebro, el hígado y el miocardio. La respiración se vuelve más superficial y más rápida para introducir más oxígeno, y la sudoración aumenta. Hasta aquí, no habría nada preocupante, ¡todo normal!

Desafortunadamente, sin embargo, hay personas que identifican estos cambios de ritmo como un peligro y comienzan a asustarse, prestando aún más atención a los síntomas y empeorando la situación. La preocupación aumenta todas las manifestaciones fisiológicas y la respiración se vuelve aún más breve y superficial. El diafragma trabaja más de lo necesario y puede sufrir espasmos. El «bloqueo» del diafragma reduce ulteriormente la capacidad ventilatoria de la persona que, para compensar, utilizará la musculatura accesoria de la respiración como, por ejemplo, los músculos intercostales. La activación exagerada de estos músculos causará dolores en la zona del tórax que simulan los dolores típicos de un ataque cardíaco. ¡En este punto la persona está aterrorizada! La ansiedad aumenta y, en los peores casos, desemboca en un ataque de pánico. El componente ventilatorio está siempre presente en el ataque de pánico y, si se interviene sobre la fisiología de la respiración, es posible reducir el círculo vicioso de estímulo-hiperventilación-ansiedad-pánico.

— *¿Qué sucede en la práctica cuando hiperventilamos? ¿Por qué se manifiestan los síntomas que acabamos de describir?* La hiperventilación causa, como ya hemos visto, una pérdida excesiva de dióxido de carbono. Es como conducir un coche con el depósito en reserva: en lugar de dosificar el acelerador o poner punto muerto en las bajadas, pisamos a fondo. ¡La gasolina se acaba! Cuando hiperventilamos, estamos en «reserva de CO_2» y debemos necesariamente reducir la respiración para no sufrir las manifestaciones clínicas típicas ya descritas, como disnea, suspiros o bostezos frecuentes, confusión mental, sequedad bucal, ansiedad, pánico, dolor en el pecho, debilidad, aturdimiento, etcétera.

— *¿Qué podemos hacer?* Respirar menos para estar mejor. Como afirma Lao-Tse: «El hombre perfecto respira como si no respirara». La respiración, como todas las actividades de nuestra vida que queremos mejorar, debe ser practicada. Debemos crear un nuevo hábito.

Uno de los primeros hábitos que hemos de recuperar es el de la respiración nasal. Gracias a la respiración nasal filtramos, calentamos y humidificamos el aire. Además, al respirar por la nariz, se pierde menos CO_2. Para entrenarte en la respiración nasal, lee un texto en voz alta respetando la puntuación. Cada vez que encuentres una coma o un punto, detente y respira por la nariz. Durante el día, piensa en tu forma de expresarte y habla como si estuvieras leyendo.

Así como la educación alimentaria nos está enseñando a comer menos, debemos necesariamente tratar de respirar más lento y con volúmenes reducidos, ya que está demostrado que respirar velozmente y hacer grandes y profundas respiraciones frecuentes no es saludable. Controlar la respiración mediante la reeducación de la inspiración nasal, aprendiendo la frecuencia y el volumen respiratorio correctos, es un verdadero entrenamiento que aportará múltiples beneficios tanto físicos como mentales.

Una técnica muy sencilla, pero también muy eficaz, para lograr un efecto relajante inmediato es la siguiente:

1) Vacía completamente tus pulmones espirando todo el aire por la nariz.
2) Mantén la apnea tanto como puedas.
3) Realiza tres respiraciones ligeras y pequeñas por la nariz al final de la apnea.
4) Repite el ejercicio tres veces. ¿Cómo te sientes? Probablemente más relajado o relajada.

Este ejercicio es muy útil para los estudiantes antes de afrontar un examen o para personas que empiezan a agitarse antes de hablar en público. Cambiar el ritmo respiratorio determina un cambio de nuestra fisiología. Así como la mente influye en el cuerpo, también el cuerpo puede influir en la mente. Reduciendo las respiraciones por minuto y ralentizando el movimiento del diafragma, se masajean directa e indirectamente todos los órganos, lo cual tiene un efecto calmante también en la mente.

Hablar despacio y con un tono profundo tiene un efecto relajante en los demás y en nosotros mismos. Usar la fisiología respiratoria para cambiar la mente puede ser una alternativa válida y un primer auxilio para todos aquellos trastornos en los que el aumento de la respiración se convierte en concausa del problema, como, por ejemplo, en los ataques de pánico.

Citamos de nuevo al maestro zen Thích Nhất Hạnh: «La respiración es el puente que conecta la vida con la consciencia, que une el cuerpo con nuestros pensamientos. Cada vez que vuestra mente se disperse, usad la respiración como un medio para recuperar el control sobre vuestra mente».

SIMONA MILANESE, investigadora asociada, docente y psicoterapeuta oficial del Centro de Terapia Estratégica de Arezzo. Médica especializada en oncología, en Italia y en Estados Unidos, desde hace años se ocupa de la comunicación estratégica en el ámbito médico-sanitario. Está especializada en resolución de problemas, comunicación y *coaching* estratégico. Es coautora de *El contacto, el remedio, la palabra. La comunicación entre el médico y el paciente* (2020), *Alimentación. Falsos mitos y engaños del marketing* (2019) y *Pragmática de la comunicación digital. Actuar con eficacia en línea* (2023).

SABINO DE BARI, fisioterapeuta y *coach* estratégico, es el fundador del método Fisioterapia estratégica, un nuevo enfoque sobre la salud y el crecimiento personal mediante la integración de diferentes técnicas estratégicas orientadas al reequilibrio psicofísico de la persona. Experto en la reeducación funcional de la respiración, desde hace más de veinte años ejerce la profesión de fisioterapeuta. Organiza cursos de formación por toda Italia para mejorar la respiración y, gracias a ella, aprender a gestionar la ansiedad y el estrés. Es instructor de ki-aikido y también enseña yoga y meditación.

5. Cuando la solución se convierte en el problema

«No descubrimos nuestras propias
fuerzas si no las experimentamos».

SÉNECA

El pánico por la sensación de falta de aire representa un
ejemplo paradigmático de aquello que me iluminó, siendo
aún un joven epistemólogo, en el ya lejano 1981, y deter-
minó el cambio en mi carrera académica y profesional.
Fue entonces cuando descubrí el constructo lógico y operativo desarrollado por Paul Watzlawick y John Weakland
y definido como «la solución intentada que alimenta el
problema que debería resolver». Una verdadera navaja de
Ockham[1] por lo que respecta a la lógica mediante la cual

---

1 Formulada en el siglo XIV por el filósofo y fraile franciscano
inglés Guillermo de Ockham, la navaja de Ockham, conocida
también como principio de economía o de parsimonia, es un
principio metodológico que propone elegir, entre varias soluciones igualmente válidas para un problema, la más simple. O sea:
«Es inútil hacer con más lo que se puede hacer con menos». En
otras palabras, la navaja de Ockham nos invita a «eliminar con cortes
precisos» todas las rutas más tortuosas y optar por el camino más

los seres humanos se entrampan en problemas complicados y sufrimientos psicopatológicos.

Estos dos grandes estudiosos, experimentadores y terapeutas en un siglo dominado por las visiones psicoanalíticas, demostraron de manera concreta que la gran mayoría de los problemas humanos, incluidas también las formas más graves de trastornos mentales, eran el producto del modo en que el sujeto, o los miembros de una familia, trataban de resolver sus dificultades mediante soluciones intentadas disfuncionales que terminaban alimentando y cristalizando aquello que deberían haber solucionado. Es decir, «la solución intentada se convierte en el problema» (Watzlawick *et al.*, 1974).

De ello se deducía que, para resolver incluso los problemas más complicados, era necesario interrumpir el círculo vicioso representado por la puesta en práctica de soluciones que lo alimentaban. Esto se lograba mediante intervenciones directas capaces de provocar experiencias concretas de cambio, cuyos efectos solo se manifestaban después de haberse realizado.

Fue un cambio radical en la teoría y en la práctica, no solo de la psicoterapia, sino también de todas las metodologías de *problem solving*. Ya no se trataba de descubrir las causas de un problema para resolverlo, sino de observar la dinámica que hacía que persistieran; pasar de la búsqueda de explicaciones a la elaboración de soluciones que, si funcionaban, explicaban también el funcionamiento del problema resuelto. No se trataba únicamente de explicaciones causales que llevaban a soluciones, sino de soluciones

---

inmediato y plausible sin buscar una complicación inútil añadiendo elementos causales adicionales.

que explicaban los problemas que resolvían. En suma, fue una verdadera revolución copernicana que me fascinó y captó tanto mi interés que abandoné mi prometedora carrera como académico de filosofía de la ciencia para dedicarme a la de investigador y terapeuta.

Bajo la atenta supervisión de los dos maestros que me formaron, en 1985 inicié un proyecto de investigación empírico-experimental en el ámbito clínico, utilizando el constructo de «solución intentada», como herramienta y como objeto de indagación, considerándolo un método terapéutico y, a la vez, una realidad responsable de la persistencia de los problemas.

En otras palabras, la hipótesis a demostrar consistía en una serie de soluciones intentadas específicas y patógenas para cada forma de psicopatología estructurada, cuya demostración habría sido la eficacia terapéutica de interrumpir y extinguir dicho esquema redundante de comportamiento en el individuo afectado por ese trastorno. Si esto se lograba en una amplia muestra de sujetos con la misma psicopatología, se habría obtenido tanto una terapia eficaz como una explicación empírica del funcionamiento del problema.

Tras más de treinta y cinco años, el resultado ha sido el desarrollo de protocolos de psicoterapia validados para la mayoría de las diversas psicopatologías, con resultados eficaces, eficientes, replicables, transmisibles y predictivos. Algunos de estos protocolos como, por ejemplo, los relativos al pánico y las fobias, el trastorno obsesivo-compulsivo y la anorexia y sus variantes, se han convertido en verdaderas *best practices*. Y muchas de las técnicas elaboradas son utilizadas también dentro de otros modelos de psicoterapia, como, por ejemplo, el cognitivo-conductual.

No es casualidad que la psicoterapia breve estratégica sea uno de los enfoques más practicados en todo el mundo y que se enseñe en las universidades más importantes. De hecho, existen más de cincuenta textos publicados sobre los protocolos de tratamiento desarrollados en el Centro de Terapia Estratégica de Arezzo, la mayoría traducidos a más de diez idiomas, lo que demuestra su relevancia teórica y aplicativa.

Volviendo al tema de nuestro texto, después de esta sucinta crónica sobre la evolución del método aplicativo resulta evidente cómo, en la formación del trastorno en cuestión, la «solución intentada» se transforma en el problema a resolver, y cómo este proceso no es intencionado, ya que representa una respuesta primitiva de defensa frente a una alarma percibida a nivel tanto físico como mental, como ocurre en todos los casos de trastornos fóbicos. Por tanto, se trata de una reacción no guiada por la consciencia y que, por consiguiente, no puede ser corregida mediante procesos de razonamiento consciente, como han demostrado las modernas neurociencias (LeDoux, 2002, 2015; Pallanti, 2017).

Esto significa que la gran mayoría de las psicoterapias, basadas en la toma de conciencia y en revelar las causas del trastorno, no son apropiadas para este tipo de fenómeno patológico que requiere, en cambio, una intervención que transforme concretamente las sensaciones, tal como se debe hacer con todos los trastornos de pánico. Como sostuvo Tomás de Aquino: «Nada hay en el intelecto que no haya estado antes en los sentidos».

La solución intentada instintiva, si se repite durante un tiempo prolongado (y en este sentido, la disnea autoinducida es un fenómeno absolutamente paradigmático), se convierte en un modelo automatizado de reacción frente a la percepción del peligro. Pero, además de lo que es típico en todas las formas generalizadas de ansiedad y pánico, hay que subrayar también el hecho de que, en este caso, se producen efectos concretos, evidentes y devastadores en la fisiología del organismo. Por lo tanto, la hiperventilación crónica y la disnea autoinducida por el miedo a asfixiarse representan también un trastorno «somatomorfo», es decir, una disfunción psicológica que produce daños orgánicos reales.

He aquí, pues, el motivo por el que en el capítulo anterior se expusieron en detalle las consecuencias de esta psicopatología en la fisiología de todo el organismo. Como ya hemos dicho, esta doble característica del trastorno hace que el tratamiento terapéutico deba actuar al unísono tanto sobre la psicología como sobre la fisiología del sujeto, tal como se recomienda para todos los trastornos somatomorfos (Zacchetti y Castelnuovo, 2016), diferenciándose, por consiguiente, de las otras formas de patologías de pánico, donde la intervención requerida afecta preferentemente a la parte psicológica de la percepción y la reacción al miedo.

También en este caso fue la observación atenta de la dinámica de las soluciones intentadas contraproducentes lo que llevó al desarrollo de un tipo específico de terapia, que se diferencia de la empleada para los ataques de pánico (Nardone, 1993, 2003, 2016). Esta metodología de investigación empírica demuestra, una vez más, su fecundidad y su potencial aplicativo al guiar la creación de terapias que sean apropiadas para el trastorno en cuestión, en lugar de lo que lamentablemente ocurre con frecuencia en psicoterapia, donde, por el contrario, se intenta adaptar las psicopatologías a la teoría y a los métodos en los que cree el terapeuta (Nardone, 1994; Nardone y Salvini, 2013).

El constructo operativo de solución intentada que se convierte en el problema ha llevado, finalmente, a desvelar las lógicas paradójicas, contradictorias y basadas en creencias aparentemente ilógicas o autoengaños (Watzlawick y Nardone, 1997; Nardone y Balbi, 2008) que sustentan la formación y la persistencia no solo de las psicopatologías, sino también de una buena parte de los complejos problemas que afligen al ser humano. Como recuerda Cioran: «Cada problema revela un misterio que, a su vez, es desvelado por su solución».

6. Disnea autoinducida: cuando es efecto y luego concausa

«Las teorías se convierten en herramientas de investigación, en lugar de ser la respuesta a un enigma y el final de toda búsqueda».
W. JAMES

Como ya se ha expuesto, una buena parte de las personas que sufren ataques de pánico manifiesta disnea autoinducida, al igual que quienes padecen disnea con mayor frecuencia experimentan ataques de pánico. Esto significa que el problema somatomorfo puede ser tanto causa como efecto del trastorno fóbico-obsesivo por excelencia. Una vez que se forma el círculo vicioso entre el miedo patológico y la respiración disfuncional, ambos trastornos se retroalimentan.

Sin embargo, la experiencia clínica, junto con los datos de la investigación, nos muestra que el efecto del ahogo por falta de aire está presente no solo en esta psicopatología más frecuente, sino también en otros cuadros clínicos. De hecho, como ya se ha explicado en el capítulo escrito por Simona Milanese, no es raro que otros trastornos importantes, como el obsesivo-compulsivo, la hipocondría, la histeria, la depresión y el trastorno postraumático (por mencionar solo algunos) presenten también, en sus crisis agudas, episodios de disnea autoinducida. En estos casos, la intervención terapéutica descrita representa solo una parte del tratamiento, la relativa a esta explosión sintomática; ahora bien, si esta se repite, se convierte en una concausa de la patología original y, por lo tanto, si se aplica de manera aislada, el tratamiento no puede resolver completamente una psicopatología compleja y grave.

Este es un tema esencial, porque se podría plantear la hipótesis según la cual, eliminando la compulsiva sensación de falta de aire y su nefasto efecto, se podrían resolver todos los trastornos en los que esta sensación aparece y llega a ser incapacitante. Sin embargo, en estos casos, esto representa la intervención terapéutica sobre una de las diferentes sintomatologías del trastorno complejo, las cuales deben ser tratadas después mediante nuevas técnicas terapéuticas.

Esto vale también para los ataques de pánico en los que, además de disnea, hay otras sintomatologías agudas como, por ejemplo, el miedo a perder el control y causar daño a otros o a uno mismo, el terror a quedarse solos y a alejarse de lugares seguros, o bien cuando otra disfunción fisiológica origina el pánico, como en el caso de la cardiofobia (Pietrabissa *et al.*, 2021), donde está presente la alteración del ritmo cardíaco y el intento obsesivo e ineficaz de controlarlo.

En efecto, para abordar todas estas variantes del pánico, a lo largo de mis más de treinta y cinco años de investigación clínica, se han desarrollado estrategias terapéuticas específicas, al igual que se ha hecho con el trastorno que hemos tratado hasta aquí. Todo esto indica que no existe, *in primis,* un tratamiento terapéutico que sea la panacea para todos los trastornos, y que cada problema específico requiere una solución acorde.

En los casos en los que el trastorno que estamos estudiando forma parte de una psicopatología compleja, la intervención sobre esta constituye solo un elemento dentro de una estrategia terapéutica compuesta de varias técnicas que, en su secuencia aplicativa, conducen a la eliminación total del trastorno. Por ejemplo, si la disnea es efecto y causa de un trastorno de pánico generalizado, será necesario tratarla con la técnica terapéutica que ha demostrado ser la más eficaz: la «peor fantasía»[1] asociada a «acciones graduales de contraevitación»[2] y al cese de «peticiones de

---

1 Técnica desarrollada por Giorgio Nardone a finales de la década de 1980, hoy reconocida como una *best practice* para el tratamiento de los trastornos de ansiedad y pánico. Al paciente se le solicita que se aísle cada día durante media hora y que trate de recordar todas las peores fantasías relacionadas con sus miedos o fobias, esforzándose por provocarse la mayor ansiedad posible y expresando todas las reacciones que estas le generen. La técnica se basa en una lógica paradójica: cuanto más intenta una persona provocarse voluntariamente una reacción ansiosa —que, por su naturaleza, es espontánea—, tanto más se inhibe esta reacción. De este modo, la persona experimenta una primera experiencia emocional correctiva importante en el manejo de sus ansiedades, descubriendo que puede anularlas precisamente al intentar provocarlas. En sesiones posteriores, el paciente será guiado para que utilice esta misma técnica, pero de manera fraccionada, a lo largo del día, hasta que, finalmente, solo la utilice cuando sea necesario, es decir, cuando experimente una situación de ansiedad (Nardone y Salvini, 2013).

2 La «contraevitación» es uno de los fundamentos de la terapia de los trastornos fóbicos, y su aplicación debe realizarse de la manera más gradual posible (Marks, 1978, 1998; Wolpe, 1981; Wilson,

protección y ayuda»[3] contraproducentes (Nardone, 1993, 2003, 2016), y unida a la prescripción sugestiva de la técnica conocida como «apagar las velas».

Por lo que respecta al trastorno obsesivo-compulsivo con sensación de falta de aire, si se resuelve mediante estrategias específicas, como los «contrarrituales terapéuticos»,[4]

1986; Nardone, 2016), es decir, comenzando con la exposición al riesgo más pequeño y, de manera progresiva, afrontando todos los riesgos hasta la superación final del miedo. En este proceso es esencial emplear el lenguaje y la lógica del miedo para evocar el «mayor de los temores»: el agravamiento de la condición provocada por el acto mismo de evitar el miedo.

3 La tendencia natural a buscar protección frente a situaciones temidas, en las cuales no nos sentimos a la altura, suele generar un efecto contraproducente: recibir ayuda, protección y tranquilidad nos hace sentir fuera de peligro, pero al mismo tiempo confirma nuestra incapacidad. La repetición en el tiempo de este patrón producirá un agravamiento de la sensación de incapacidad, elevando la percepción del peligro y la respuesta emocional de miedo. En este contexto, la intervención terapéutica se concentrará en evocar «el mayor de los temores», es decir, manejar el temor a través del miedo a su empeoramiento, producido precisamente por aquello que debería protegernos (Nardone, 2013).

4 El contrarritual consiste en un conjunto de acciones o pensamientos ritualizados que el terapeuta prescribe al paciente asumiendo la misma lógica no ordinaria que subyace a los rituales compulsivos, de tal modo que los reoriente y los lleve a su autoanulación. Esta técnica surge de la observación de que tratar de persuadir a un paciente para que bloquee sus compulsiones mediante una explicación racional, en lugar de resolver el problema, lo alimenta. El paciente con trastorno obsesivo-compulsivo (TOC), al ser altamente resistente al cambio, solo puede seguir las indicaciones del terapeuta si parece que este lo dirige hacia un comportamiento «aparentemente más eficiente» para lograr el mismo propósito de sus rituales. La prescripción implica que el te-

las «violaciones progresivas»[5] o la «ritualización del ritual»[6] (Nardone y Watzlawick, 1990, 2005; Nardone, 2013), la disnea autoinducida tiende a desaparecer la mayoría de las veces por un efecto dominó de la interrupción de la práctica de los rituales compulsivos determinados por la obsesión fóbica.

Dependiendo del papel que desempeñe la disnea dentro del cuadro clínico complejo, la intervención terapéutica sobre esta sintomatología puede volverse indispensable o, por el contrario, no primaria; e incluso es posible que ni siquiera sea necesario activarla porque la sensación de falta de aire puede desaparecer como efecto de la eliminación del trastorno del cual forma parte.

Existen, por tanto, formas del trastorno de pánico por disnea autoinducida, formas compuestas y formas pato-

---

rapeuta reconozca la necesidad del ritual compulsivo, pero al mismo tiempo asuma un control total sobre él, decidiendo cuántas veces debe ser repetido. Precisamente porque el síntoma es fruto de una construcción deliberada, el paciente puede rechazarlo de manera igualmente deliberada, como se explica en la estrategia china de «hacer subir al enemigo al desván y quitarle la escalera» (Watzlawick y Nardone, 1997; Nardone, 2003; Nardone y Salvini, 2013).

5 Técnica basada en la introducción de «violaciones» cada vez más importantes de las imposiciones fóbicas hasta llegar a su violación total. Esto implica realizar pequeños cambios progresivos que crean una aceleración geométrica del proceso de cambio hasta la extinción del trastorno (Nardone y Portelli, 2013).

6 Técnica basada en ritualizar la compulsión patológica en espacios y tiempos prefijados a lo largo del día, primero con intervenciones numerosas y molestas, que luego se van reduciendo progresivamente hasta llegar a la eliminación completa del ritual ritualizado (Nardone y Portelli, 2013).

lógicas en las que la disnea es un componente secundario dentro de un cuadro clínico complejo. En el primer caso se aplica lo descrito en este texto; en el segundo se interviene con las estrategias terapéuticas específicas para el cuadro clínico, asociándolas con el tratamiento específico de la disnea autoinducida; en el tercer caso hay que intervenir sobre la psicopatología compleja con el objetivo de eliminar las soluciones intentadas que la mantienen y alimentan; y, generalmente, si esto resulta eficaz, la sensación de falta de aire patológica desaparece por un efecto dominó.

Como enseñó el matemático Von Neumann, para cada «juego» es necesario analizar la estrategia en todos sus componentes, desde el inicio hasta su final victorioso, adaptando a este objetivo tanto las tácticas como las técnicas y ajustando su secuencia aplicativa. Este es el principio fundamental de cualquier enfoque efectivamente estratégico: la solución se adapta constantemente al problema y a su dinámica de persistencia (Watzlawick *et al.*, 1974).

Epílogo.
Si existe un problema,
también existe su solución

«No volverás a tener miedo
si dejas de esperar».
SÉNECA

El principio según el cual el único modo efectivo de conocer cómo funciona un problema es encontrar su solución (Nardone y Portelli, 2005) sigue dejando atónitos a muchos, ya que contradice tanto la lógica del sentido común como la ordinaria. Por otro lado, es indiscutible, tanto por su eficacia empírica como por su elaboración lógica y epistemológica (Nardone y Balbi, 2008; Nardone, 2017).

No es necesario ser eruditos refinados para comprender que, para que sea efectiva, una solución debe ajustarse a la estructura o a la dinámica del problema, lo cual lleva, como consecuencia, a observar que la solución desvela el funcionamiento de este. Si, además, se comprueba empíricamente que la solución que ha resuelto el problema objeto de la investigación es efectiva en un número significativo de problemas de la misma clase y tipología, presentados por diferentes sujetos, habremos obtenido dos resultados interdependientes: hemos elaborado una estrategia de soluciones validada a nivel empírico y hemos logrado un conocimiento efectivo del problema.

Desde un punto de vista tecnológico, este es el modo de proceder que, desde la Antigüedad, ha guiado a los inventores en el proceso de creación de sus formidables realizaciones (Nardone, 2021), desde Herón de Alejandría y Arquímedes hasta Leonardo, y entre los modernos Edison y otros muchos, como ha descrito con precisión Genrich Altshuller (Altshuller, 1999) en su estudio sobre los factores que conducen a la inventiva.

Estos mismos factores coinciden con los del *«problem solving* estratégico»* (Nardone, 2009), que no por casualidad, a su vez, concuerdan con lo que Karl Popper (1983) define como «el proceso de la investigación científica». Se trata de una modalidad eminentemente empírico-experimental de desvelar dilemas y misterios y de construir soluciones, a la que parece irracional oponerse. Pero, como sostiene Benjamin Franklin, «es un hecho bien sabido que los seres humanos no aprenden de la experiencia». En efecto, las convicciones ideológicas y las creencias religiosas resisten incluso ante la demostración concreta de su fracaso.

Por desgracia, este fenómeno «humano, demasiado humano» (Nietzsche) no se observa únicamente en personas ignorantes o poco dotadas, como podría pensarse ingenuamente, sino también en una buena parte de los científicos. De hecho, es bien conocido el fenómeno de los «sesgos cognitivos», por los cuales los científicos, «enamorados» de sus teorías, se convierten en artífices y después en víctimas de su propio autoengaño al construir proyectos de investigación que confirmen tales teorías, evitando todos los factores que podrían desmantelarlas.

Por lo que respecta a la psicoterapia, la teoría de referencia se convierte en el fundamento de la identidad personal y no solo profesional del sujeto que la adopta, por lo que la resistencia a cambiarla se hace aún más denodada (Nardone y Salvini, 2013). No debemos sorprendernos de que teorías y prácticas terapéuticas epistemológicamente incorrectas y empíricamente ineficaces sigan siendo aplicadas y enseñadas como si fueran el Olimpo del saber humano. En sentido contrario, son declarados científicos y basados en las «evidencias» métodos en los que la estadística y los experimentos de laboratorio pretenden ser más válidos que la prolongada observación y experiencia sobre el terreno.

Sin embargo, en las últimas décadas, gracias a la creciente difusión del enfoque estratégico y a su probada y concreta eficacia para ayudar a las personas a resolver, en la mayoría de los casos, sus problemas, malestares o psicopatologías, estamos observando su propagación. Una suerte de «estrategia del virus» que se difunde por su capacidad efectiva de hacer cambiar la homeostasis del sistema del que se apropia gradualmente.

Cada vez son más las personas que recurren a eficaces *problem solvers,* tanto en el ámbito clínico como en otros contextos, por ejemplo, el empresarial, el organizativo, el de la negociación o los educativos, formativos y aplicativos. Es una especie de «ley del mercado» según la cual, si los problemas reciben soluciones eficaces y eficientes que se ponen al alcance de cualquiera que desee enfrentarse a sus dificultades, la evolución «darwiniana» se vuelve inevitable, en el sentido de que, tarde o temprano, sobreviven únicamente aquellas especies que se adaptan, es decir, aquellas que hacen que evolucionen sus estrategias para gestionar la realidad. Esto vale no solo para todos los seres vivos, sino también para las teorías y las tecnologías desarrolladas por ellos: únicamente sobreviven aquellas capaces de garantizar resultados efectivos.

Retomando una vez más las palabras de nuestro colega Umberto Galimberti: «En la era de la técnica, la verdad corresponde a la eficacia». En este «caso», probablemente será la evolución natural de las cosas hacia aquello que funciona lo que encuentre la solución al problema.

Bibliografía

ALEXANDER, F. y FRENCH, T. M., *Psychoanalytic Therapy*, Nueva York, Ronald Press, 1946.

ALTSHULLER, G., *The Innovation Algorithm. TRIZ, Systematic Innovation and Technical Creativity*, Worcester (MA), Technical Innovation Center, Inc., 1999.

AUSTIN, J. L., *How To Do Things with Words*, Cambridge, Harvard University Press, 1962 [trad. cast.: *Cómo hacer cosas con palabras*, trad. de Genaro R. Carrió y Eduardo Rabossi, Barcelona, Paidós, 1982].

DE SHAZER, S., *Patterns of Brief Family Therapy*, Nueva York, Guilford, 1982 [trad. cast.: *Pautas de terapia familiar breve*, trad. de Leandro Wolfson, Barcelona, Paidós, 1987].

—, *Words Were Originally Magic*, Nueva York, Norton, 1994 [trad. cast.: *En un origen las palabras eran magia*, trad. de Alcira Nelida Bixio, Barcelona, Gedisa, 2009].

DRATCU, L., «Panic, Hyperventilation and perpetuation of anxiety», *Prog. Neuro-Psychopharmacol. & Biol. Psychiat.* 24 (2000), pp. 1069-1089.

JERATH, R. y BEVERIDGE, C., «Respiratory Rhythm, Autonomic Modulation, and the Spectrum of Emotions. The Future of Emotion Recognition and Modulation», *Frontiers in Psychology* 11 (2020), pp. 1-6. DOI:10.3389/fpsyg.2020.01980.

KOCH, C., *Consciousness. Confessions of a Romantic Reductionist,* Cambridge (MA), The MIT Press, 2012.

LEDOUX, J., *Synaptic Self. How Our Brains Become Who We Are,* Nueva York, Penguin, 2002.

—, *Anxious. Using the Brain to Understand and Treat Fear and Anxiety,* Nueva York, Viking, 2015.

LORIEDO C.; ZEIG, J. y NARDONE, G., *TranceForming Ericksonian Methods-21st Century Visions,* Phoenix (AZ), The Milton H. Erickson Foundation Press, 2011.

MARKS, I. M., *Living with fear. Understanding and coping with anxiety,* Nueva York, McGraw-Hill, 1978.

—, *Fears, phobias, and rituals: Panic, anxiety, and their disorders,* Oxford, Oxford University Press, 1998.

MILANESE, R. y MILANESE, S., *Il tocco, il rimedio, la parola. La comunicazione tra medico e paziente come strumento terapeutico,* Milán, Ponte alle Grazie, 2015 [trad. cast.: *El contacto, el remedio, la palabra. La comunicación entre el médico y el paciente,* Barcelona, Herder, 2020].

NARDI, A. E. *et al.,* «Panic Disorder and Hyperventilation», *Arq. Neuropsiquiatr.* 57/4 (1999), pp. 932-936.

— *et al.,* «Hyperventilation in panic disorder patients and healthy first-degree relatives», *Brazilian Journal of Medical and Biological Research* 33 (2000), pp. 1317-1323.

NARDONE, G., *Suggestione – Ristrutturazione = Cambiamento. L'approccio strategico e costruttivista alla terapia breve,* Milán, Giuffrè, 1991.

—, *Paura, panico, fobie. La terapia in tempi brevi,* Milán, Ponte alle Grazie, 1993 [trad. cast.: *Miedo, pánico, fobias. La terapia breve,* trad. de Maria Pons Irazazábal, Barcelona, Herder, 2012].

—, «La prescrizione medica. Strategie di comunicazione ingiuntiva», *Scienze dell'interazione* 1/1, pp. 81-90, Florencia, Pontecorboli, 1994.

—, *Non c'è notte che non veda il giorno. La terapia in tempi brevi per gli attacchi di panico,* Milán, Ponte alle Grazie, 2003 [trad. cast.: *No hay noche que no vea el día,* trad. de Jordi Bargalló Chaves, Barcelona, Herder, 2012].

—, *Problem Solving Strategico da tasca. L'arte di trovare soluzioni a problemi irrisolvibili,* Milán, Ponte alle Grazie, 2009 [trad. cast.: *Problem solving estratégico. El arte de encontrar soluciones a problemas irresolubles,* trad. de Maria Pons Irazazábal, Barcelona, Herder, 2010].

—, *Psicotrappole ovvero le sofferenze che ci costruiamo da soli. Imparare a riconoscerle e a combatterle,* Milán, Ponte alle Grazie, 2013 [trad. cast.: *Psicotrampas. Identifica las trampas psicológicas que te amargan la vida y encuentra las psicosoluciones para vivir mejor,* trad. de Carmen Torres García y Teresa Lanero Ladrón de Guevara, Barcelona, Paidós, 2014].

—, *La nobile arte della persuasione. La magia delle parole e dei gesti,* Milán, Ponte alle Grazie, 2015.

—, *La terapia degli attacchi di panico,* Milán, Ponte alle Grazie, 2016 [trad. cast.: *La terapia de los ataques de pánico. Libres para siempre del miedo patológico,* trad. de Maria Pons Irazazábal, Barcelona, Herder, 2016].

—, *Sette argomenti essenziali per conoscere l'uomo,* Milán, Ponte alle Grazie, 2017 [trad. cast.: *Siete cuestiones esenciales para conocer el ser humano,* trad. de Juan Carlos Gentile Vitale, Barcelona, Plataforma Editorial, 2018].

—, *Ipnoterapia senza trance. Parlare alla mente emotiva dell'altro,* Milán, Ponte alle Grazie, 2020 [trad. cast.:

Hipnoterapia sin trance. Hablar a la mente emocional del otro, trad. de Maria Pons Irazazábal, Barcelona, Herder, 2024].

—, *Creare dal nulla. Imparare a inventare e a inventarsi,* Milán, Ponte alle Grazie, 2021.

— y BALBI, E., *Solcare il mare all'insaputa del cielo. Lezioni sul cambiamento terapeutico e le logiche non ordinarie,* Milán, Ponte alle Grazie, 2008 [trad. cast.: *Surcar el mar a espaldas del cielo. Lecciones sobre el cambio terapéutico y las lógicas no ordinarias,* trad. de Jordi Bargalló Chaves, Barcelona, Herder, 2018].

— y BARTOLI, S., *Oltre se stessi. Scienza e arte della performance,* Milán, Ponte alle Grazie, 2019 [trad. cast.: *Más allá de uno mismo. La ciencia y el arte de la performance,* trad. de Maria Pons Irazazábal, Barcelona, Herder, 2019].

— y MILANESE, R., *Il cambiamento strategico. Come far cambiare alle persone il loro sentire e il loro agire,* Milán, Ponte alle Grazie, 2018 [trad. cast.: *El cambio estratégico. Cómo hacer que las personas cambien su forma de sentir y de actuar,* trad. de Maria Pons Irazazábal, Barcelona, Herder, 2019].

— y PORTELLI, C., *Knowing Through Changing. The Evolution of Brief Strategic Therapy,* Carmathen, Crown House Publishing, 2005 [trad. cast.: *Conocer a través del cambio. La evolución de la terapia breve estratégica,* trad. de Jordi Bargalló Chaves, Barcelona, Herder, 2007].

— y —, *Ossessioni, compulsioni, manie,* Milán, Ponte alle Grazie, 2013 [trad. cast.: *Obsesiones, compulsiones, manías,* trad. de Maria Pons Irazazábal, Barcelona, Herder, 2015].

— y SALVINI, A., *Il dialogo strategico. Comunicare persuadendo. Tecniche evolute per il cambiamento,* Milán,

Ponte alle Grazie, 2004 [trad. cast.: *El diálogo estratégico. Comunicar persuadiendo: técnicas para conseguir el cambio,* trad. de Jordi Bargalló Chaves, Barcelona, Herder, 2012].

— y — (eds.), *Dizionario Internazionale di Psicoterapia,* Milán, Garzanti, 2013 [trad. cast.: *Diccionario internacional de psicoterapia,* trad. de Maria Pons Irazazábal, Barcelona, Herder, 2019].

— y Watzlawick, P., *L'arte del cambiamento. La soluzione dei problemi psicologici personali e interpersonali in tempi brevi,* Milán, Ponte alle Grazie, 1990 [trad. cast.: *El arte del cambio. Trastornos fóbicos y obsesivos,* trad. de Antoni Martínez Riu, Barcelona, Herder, 1995, 2012].

— y —, *Brief Strategic Therapy. Philosophy, Technique and Research,* Nueva York, Jason Aronson, 2005 [trad. cast.: *Terapia breve estratégica. Pasos hacia un cambio de percepción de la realidad,* trad. de Ramón Alfonso Díez Aragón y María del Carmen Blanco Moreno, Barcelona, Paidós, 2014].

Nietzsche, F. (1878), *Humano, demasiado humano,* trad. de Marco Parmeggiani, Madrid, Tecnos, 2019.

Pallanti, S., «Incompleteness and Harm Avoidance in OCD», en Ch. Pittenger (ed.), *Obsessive-Compulsive Disorder. Phenomenology, Pathophysiology, and Treatment,* Oxford, Oxford University Press, 2017.

Peiffer, C., «Dyspnea and Emotion», *American Journal of Respiratory and Critical Care Medicine* 177 (2008), pp. 937-939. DOI: 10.1164/rccm.200802-298ED.

Pietrabissa, G.; Rozzoni, F.; Liguori, F.; Cerruto, A. et al., «The Brief Strategic Treatment of Cardiophobia. A Clinical Case Study», *Journal of Contemporary Psychotherapy* 51 (2021), pp. 125-133.

POPPER, K. R., *Realism and the Aim of Science. From the Postscript to the Logic of Scientific Discovery*, Londres, Hutchinson, 1983 [trad. cast.: *Realismo y el objetivo de la ciencia*, trad. de Marta Sansigre Vidal, Madrid, Tecnos, 2011].

SAHASRABUDHE, T. R., «Psychogenic dyspnea», *Medical Journal of Dr. D.Y. Patil University* 6 (2013), pp. 14-18.

SEARLE, J. R., *The Rediscovery of the Mind*, Cambridge (MA), Massachusetts Institute of Technology, 1992 [trad. cast.: *El descubrimiento de la mente*, Barcelona, Crítica, 1996].

—, *The Basic Reality and the Human Reality*, Cambridge, Harvard University Press, 2019.

SPENCER-BROWN, G., *Laws of Form*, Londres, Allen & Unwin, 1969.

STEVENS J. P.; DECHEN, T.; SCHWARTZSTEIN, R. *et al.*, «Prevalence of Dyspnea Among Hospitalized Patients at the Time of Admission», *J Pain Symptom Manage* 56 (2018), p. 15.

TAVEL, M., «Why Is Hyperventilation Syndrome Regularly Overlooked?», *The American Journal of Medicine* 134 (2021), pp. 13-15.

WATZLAWICK, P., BEAVIN, J. H. y JACKSON, D. D., *Menschliche Kommunikation. Formen, Störungen, Paradoxien*, Gotinga, Hogrefe, 1969.

—, y NARDONE, G. (comps.), *Terapia breve strategica*, Milán, Raffaello Cortina Editore [trad. cast.: *Terapia breve estratégica*, trad. de Ramón Alfonso Díez Aragón, Barcelona, Planeta, 2000].

—, WEAKLAND, J. H. y FISH, R., *Change. Principles of Problem Formation and Problem Solution*, Nueva York,

Norton, 1974 [trad. cast.: *Cambio. Formación y solución de los problemas humanos,* trad. de Alfredo Guera Miralles, Barcelona, Herder, 2025].

Wilson, R., *Don't Panic. Taking Control of Anxiety Attacks,* Nueva York, Harper & Row, 1986 [trad. cast.: *No al pánico. Cómo controlar los ataques de angustia,* trad. de Renato Valenzuela M., Santiago de Chile, Cuatro Vientos, 2009].

Wolpe, J., *The practice of behavior therapy,* Oxford, Pergamon Press, 1981.

Zacchetti, E. y Castelnuovo, G. (eds.), *Clinica psicologica in psicosomatica. Medicina e psicologia clinica fra corpo e mente,* Milán, Franco Angeli, 2016.